1時間でも楽しめる

水郷・首都圏 お手軽釣り場めぐり 60

フナ・テナガエビ・ハゼ・ヤマベ・タナゴ

本和久
moto Kazuhisa

つり人社

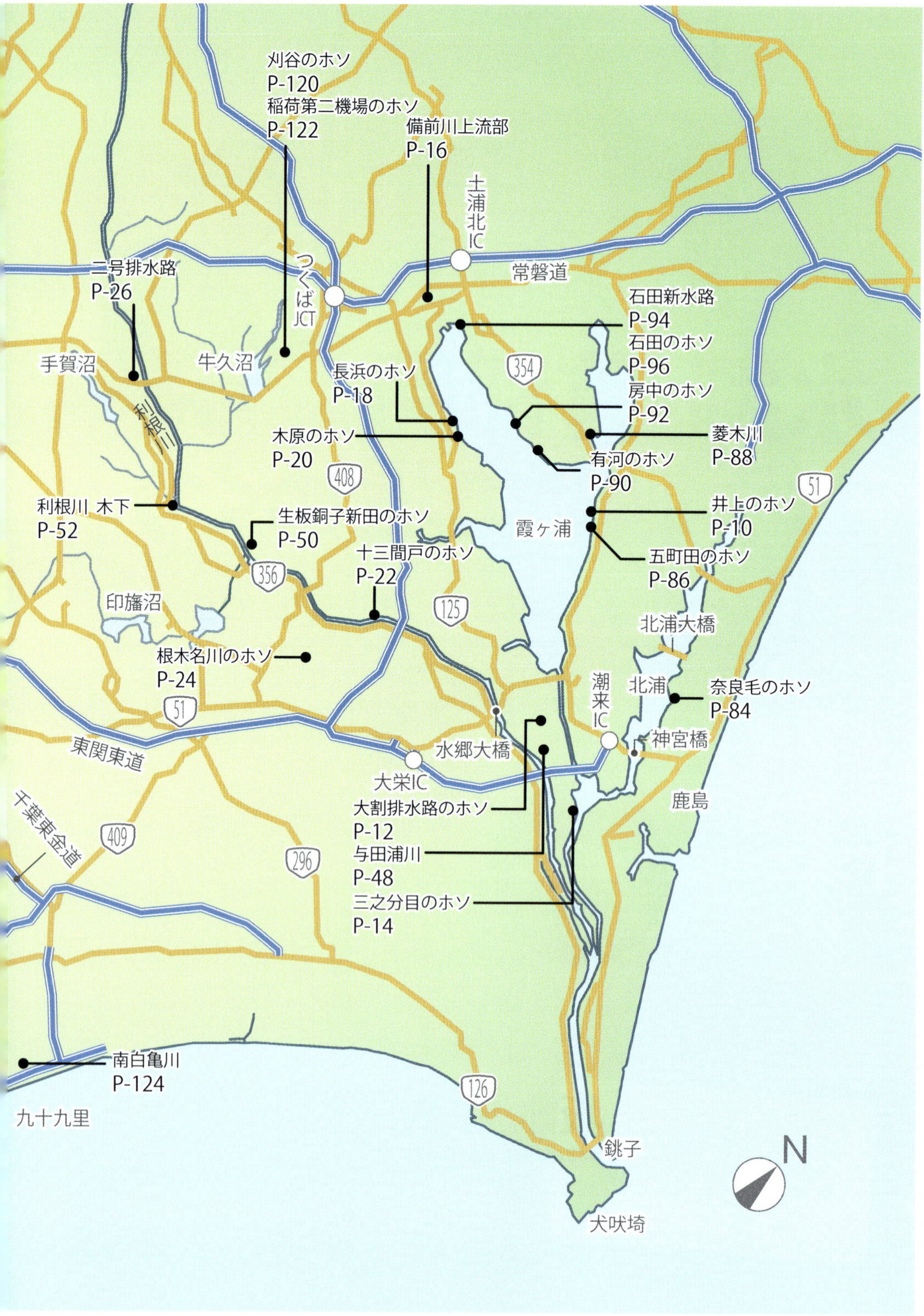
刈谷のホソ
P-120
稲荷第二機場のホソ
P-122
備前川上流部
P-16
土浦北IC
つくばJCT
常磐道
二号排水路
P-26
石田新水路
P-94
石田のホソ
P-96
手賀沼
牛久沼
長浜のホソ
P-18
354
房中のホソ
P-92
利根川
木原のホソ
P-20
菱木川
P-88
有河のホソ
P-90
408
51
利根川 木下
P-52
井上のホソ
P-10
生板銅子新田のホソ
P-50
霞ヶ浦
五町田のホソ
P-86
十三間戸のホソ
P-22
356
印旛沼
125
北浦大橋
根木名川のホソ
P-24
潮来IC
北浦
奈良毛のホソ
P-84
51
神宮橋
水郷大橋
東関東道
大栄IC
鹿島
大割排水路のホソ
P-12
千葉東金道
409
与田浦川
P-48
296
三之分目のホソ
P-14
南白亀川
P-124
126
九十九里
銚子
N
犬吠埼

17
三郷JCT
1
467
浦安
横浜横須賀道路
東京羽田国際空港
逗子
東京湾アクアライン
長浦駅前水路＆蔵波川
P-58
宮野木JCT
東京湾
134
白旗川
P-54
横須賀
館山道
409
八幡水路
P-56
圏央道
湊川
P-98
465
410
465

図3
図2
図1
館林IC
群馬の水郷公園
P-42
125
122
鶴ヶ島JCT
西仁連川
P-78
久喜白岡JCT
五霞落川
P-128
125
長井戸中央排水路
P-126
463
所沢
所沢IC
圏央道
上柳のホソ
P-30
滝の城址公園
P-110
大落古利根川
P-132
中庄内排水路
P-32
鵠戸川
P-28
美女木JCT
大泉JCT
294
川口JCT
17
八間堀のホソ
P-34
練馬IC
二郷半領用水路
P-36
野川
P-74
八条用水
P-40
荒川
旧岩淵水門
P-72
大場川
P-130
常磐道
三郷JCT
三郷料金所スマートIC
元渕江公園
P-100
芝浦運河＆芝浦西運河
P-68
6
横六間川
P-38
牛久沼
手賀沼
利根川
1
新木場公園
P-66
江戸川 国府台
P-60
464
旧江戸川
東西線下流右岸
P-62
京浜運河
緑道公園
P-70
16
296
勝島運河
P-102
左近川
P-64
356
東京湾アクアライン
印旛沼
N
51
東関東道
館山道
409

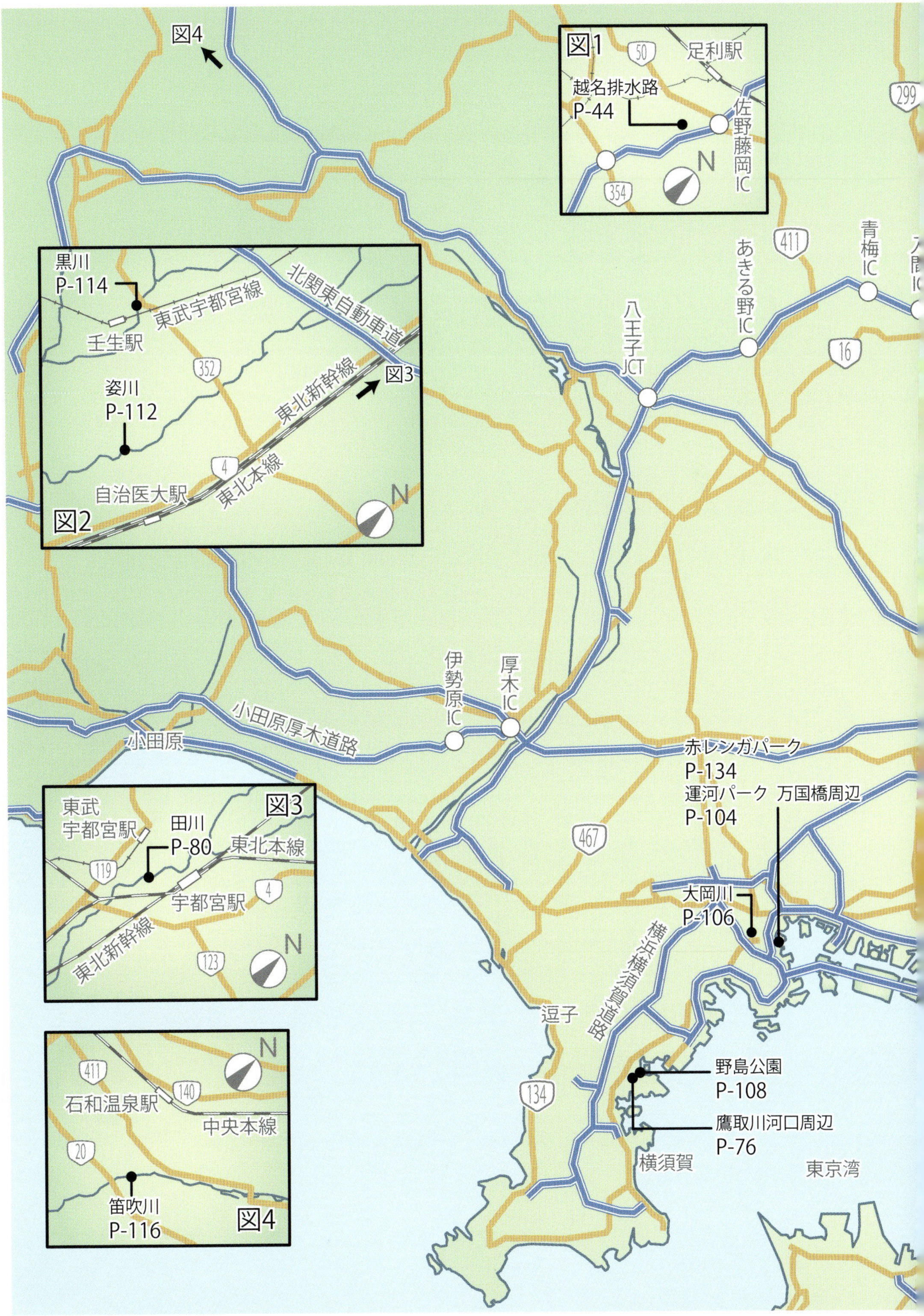
図4
図1
足利駅
越名排水路
P-44
佐野藤岡IC
299
411
354
50
青梅IC
あきる野IC
八王子JCT
16
黒川
P-114
東武宇都宮線
北関東自動車道
壬生駅
352
姿川
P-112
東北新幹線
図3
4
東北本線
自治医大駅
図2
伊勢原IC
厚木IC
小田原厚木道路
小田原
赤レンガパーク
P-134
運河パーク
P-104
万国橋周辺
東武
宇都宮駅
田川
P-80
東北本線
119
宇都宮駅
4
東北新幹線
123
467
大岡川
P-106
横浜横須賀道路
逗子
411
140
石和温泉駅
中央本線
20
笛吹川
P-116
図4
134
野島公園
P-108
鷹取川河口周辺
P-76
横須賀
東京湾

目次

春の釣り場めぐり 18

夏の釣り場めぐり 17

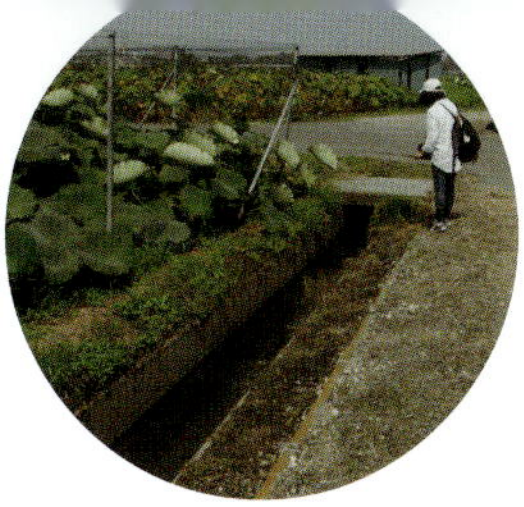

秋の釣り場めぐり⑰

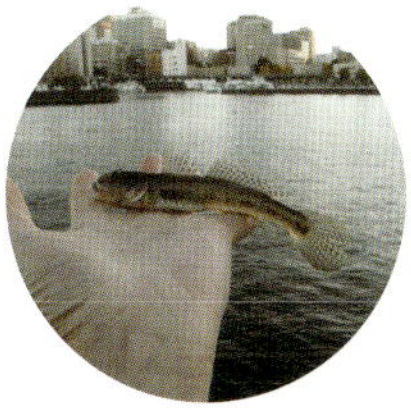

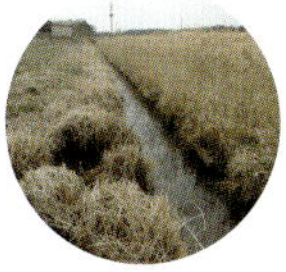

冬の釣り場めぐり⑧

基本講座

コラム

装丁　神谷利男デザイン株式会社
イラスト　堀口順一朗

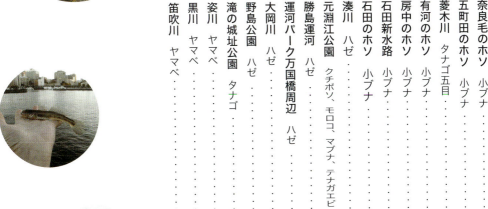

はじめに

僕が釣りと出会って半世紀以上が経ちました。子供の頃は何が釣れても楽しくて、釣りの面白さに引き込まれていきました。自然相手の趣味なので、いつも同じようにはいかないことも熱くなった理由だと思います。知識と経験を積んだ今でも小もの釣りが楽しくて仕方ありません。

淡水・汽水小もの釣りの魅力は誰でも手軽に始められること。安近短で楽しめます。一方でいつも満足できる釣果を得ることは簡単ではなく、だから僕は小もの釣りに沼るのです。釣りという趣味に出会って幸せです。

本書の読者の皆さまにも小もの釣りの楽しさを少しでもお伝えできたらと思います。一緒にこの世界を楽しみましょう！

本書について

本書は、春夏秋冬別に首都圏の淡水・汽水小もの釣り場を収載したガイドブックです。

●1つの釣り場を2頁（見開き）で紹介し、主な対象魚（マブナ〈小ブナは別枠〉、テナガエビ、ハゼ、ヤマベ、タナゴ）と「おすすめシーズン」、「ゲストフィッシュ（同じ場所で釣れる他魚種）」がひと目で分かる構成になっています。本文では釣り場解説と近年の釣行記録を記しました。

●釣り場名は、正式名称のほかに、釣り人の間で親しまれている呼称等も含みます。

●釣り場ガイドのほかに、季節の主な釣りの基本講座も設けました。

【お断り】

本書は書き下ろしになります。各釣り場の情報は、基本的に2025年1月時点でのものです。自然災害、工事や規制等さまざまな理由により現場がその後大きく変化している可能性もあり、すべての情報を保証するものではありません。釣行の際には、事前に最寄りの釣具店等で改めて情報をご確認ください。

淡水・汽水の小もの釣り場は人家や田畑、各施設等の近隣であることが多く、周辺住民や農家の方などに迷惑がかからないように注意して、ルールとマナーを守って釣りをお楽しみください。

（つり人社より）

春の釣り場めぐり ⑱

春の小もの釣りの横綱といえば
乗っ込みマブナ。
産卵を意識してホソと呼ばれる小さな流れにどんどん入ってくるこの時期のマブナは、型も大きい！

茨城県行方市

井上のホソ

マブナ

霞ヶ浦土手下の超人気小もの釣り場

おすすめシーズン　3月下旬～4月下旬（秋は9～10月）

1月
2月
3月
4月
5月
6月
7月
8月
9月
10月
11月
12月

ゲストフィッシュ

アメリカナマズ、クチボソ、コイ、ブルーギル、ボラ、モロコ

茨城県行方市井上地区にある霞ヶ浦湖岸土手下・井上のホソ。ここは幅1mほどの小さな流れではあるが、釣り会の人たちがバスで訪れるほどの人気ポイントである。

約1kmある釣り場は、水路の合流点あり、土手下の暗渠《あんきょ》あり、水草の周辺と、ねらいどころがたくさん。それゆえに探り釣りが楽しい。自分が〝ここ〟と思ったポイントでマブナの反応を得られるのは探り釣りの醍醐《だいご》味だ。

仕掛けは、2・4～2・7mのマブナザオもしくは渓流ザオにミチイト1・2号をサオいっぱいに取り、シモリウキ0号を5個通して楊枝《ようじ》等で固定する。オモリバランスは、ガン玉5号でゆっくりと沈む遅ジモリバランスにする。ハリは袖5号ハリス0・8号10～13cm。上バリ、下バリを付けた2本バリ仕掛けが有効。

エサはキヂ（ミミズ）をメインに赤虫を持っていると安心だ。

いたるところポイントだらけの釣り場風景。草むらに腰をおろしてエンコ釣りを楽しむ人も多い

マブナ釣りでは、本命のマブナが釣れる時はすぐにアタリが出る。オモリが底にトンッと着いた後、ウキがクッと引き込まれたり、沈んでいたウキがフワッと浮いてきたりしたらすかさず合わせよう。このイメージを持っておくことは大切だ。

逆に、いつまでもアタリが出ない場所に固執するのは釣果が伸びない要因となってしまう。アタリが出る場所を足で探し歩いてこそ「探り釣り」であり、マブナに出会える確率が高まる。

釣行記録

2024年4月28日。霞ヶ浦のホソを巡っていた時、井上のホソに着くと大勢の釣り人の姿が。魚が掛かりサオが曲がっている人もいた。

車を停めて、早速空いている場所に入り釣りを開始。まもなくウキが引き込まれて15cm級のマブナが釣れた。これは！

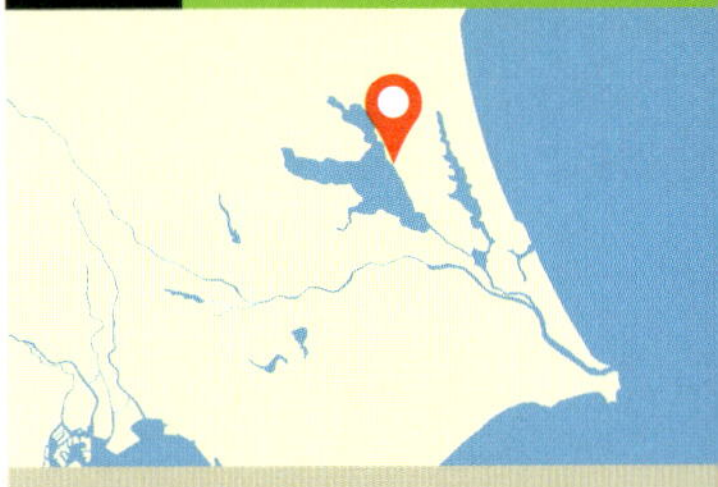

現地へのアクセス

車 常磐道・土浦北ICで降り、R125、354を経由して霞ヶ浦大橋を渡る。R355と交わる高須交差点信号を右折して約4kmで井上地区。このあたりで湖岸方面の道に入る。

1時間の釣果

ゲストフィッシュのブルーギル

なんとボラも来た

ピッカピカの春ブナが釣れました！

参考までに、秋の井上のホソ

と思ったが、1時間ほど探っても後が続かず移動した。

2022年の春シーズンはよく釣れたそうで、釣れる時と釣れない時のムラがあるのは仕方のないことだ。

春の釣りは、前評判がどんなによくても実際に釣りをしてみないと分からないことが多い。だからマブナ釣り場はいくつ知っておいても損はない。一方で、釣れるかな？ どうかな？ というワクワク感が春のマブナ釣りの楽しさであり、魅力なのだ。

なお、今回の釣行では中ブナのみであったが、この釣り場には大型マブナも入ってくるし、コイやアメリカナマズも掛かるので玉網は必携である。

千葉県香取市

大割排水路のホソ

マブナ

おすすめシーズン 5月中旬～6月上旬

1月
2月
3月
4月
5月
6月
7月
8月
9月
10月
11月
12月

ゲストフィッシュ
クチボソ、コイ（大型）、ヘラブナ、モロコ

雰囲気抜群、尺も出る。水位が上がる頃から期待大

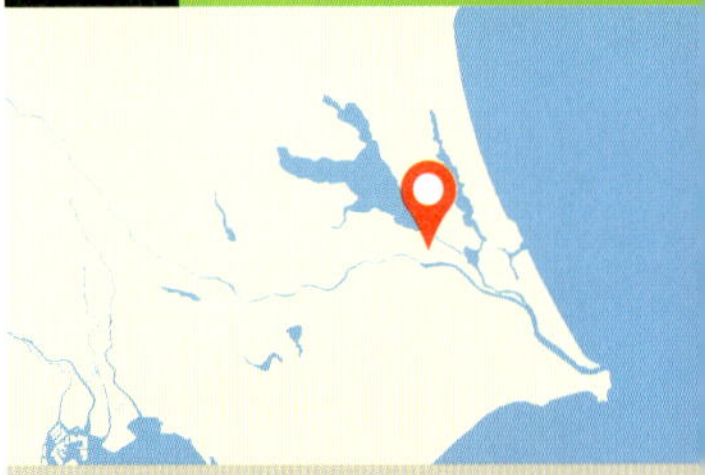

現地へのアクセス

車 東関道・大栄ICを降り、R51を香取方面へ。水郷大橋を渡り1つめ信号・水郷大橋北を右折・左折して県道2号を進む。約3km先の信号を右折して横利根大橋を渡り八筋川沿いを進んで長島揚排水機場を目差す。長島揚排水機場から3本目の道路を左折すると新島中学校。

佐原水郷の境島水路と大割水路を結ぶ大割排水路は春ブナの好釣り場で、僕もよく通ったものだ。今回紹介するのは、香取市立新島中学校脇を流れる幅1mほどのホソ。大割排水路から長島新堀に向かって1㎞ほど続くが、釣りになるのは大割排水路から600mくらいまで。新島中学校のグラウンド横を道路が通っており、このあたりが入りやすい。

このホソにはかなりのマブナ・ヘラブナが入ってくる。その割りには当たり外れが大きいのが残念な点だ。佐原水郷でフナの釣り大会などがあると、必ずといってよいほどこのホソに釣り人がいる。それだけ人気があり、いかにも釣れそうな雰囲気がするのだ。

小さなホソだがポイントは多い。水路の合流点や排水パイプ、道路下の影、ホソにかかった雑草の周辺等、期待を抱かせるポイントが目白押しだ。

仕掛けは2・4mのマブナザオもしくは渓流ザオに、遅ジモリバランスに整えた2本バリのシモリ仕掛け。ハリは袖5号ハリス0・8号10～13㎝。エサはキヂ、赤虫がよい。

マブナはエサを食ってくる時は仕掛けの投入後すぐだ。マブナに出会うためには丹念に探ること。アタリがない場所では粘らない。どんどん探り歩いてマブナと対面しよう。

新島中グラウンド前付近

ホソ上流部

釣行記録

近年このホソを度々探っていたところ、2023年6月4日についに尺ブナと対面出来た。大ゴイも多く入っていて、コイが連続して掛かりこの日もフナはダ

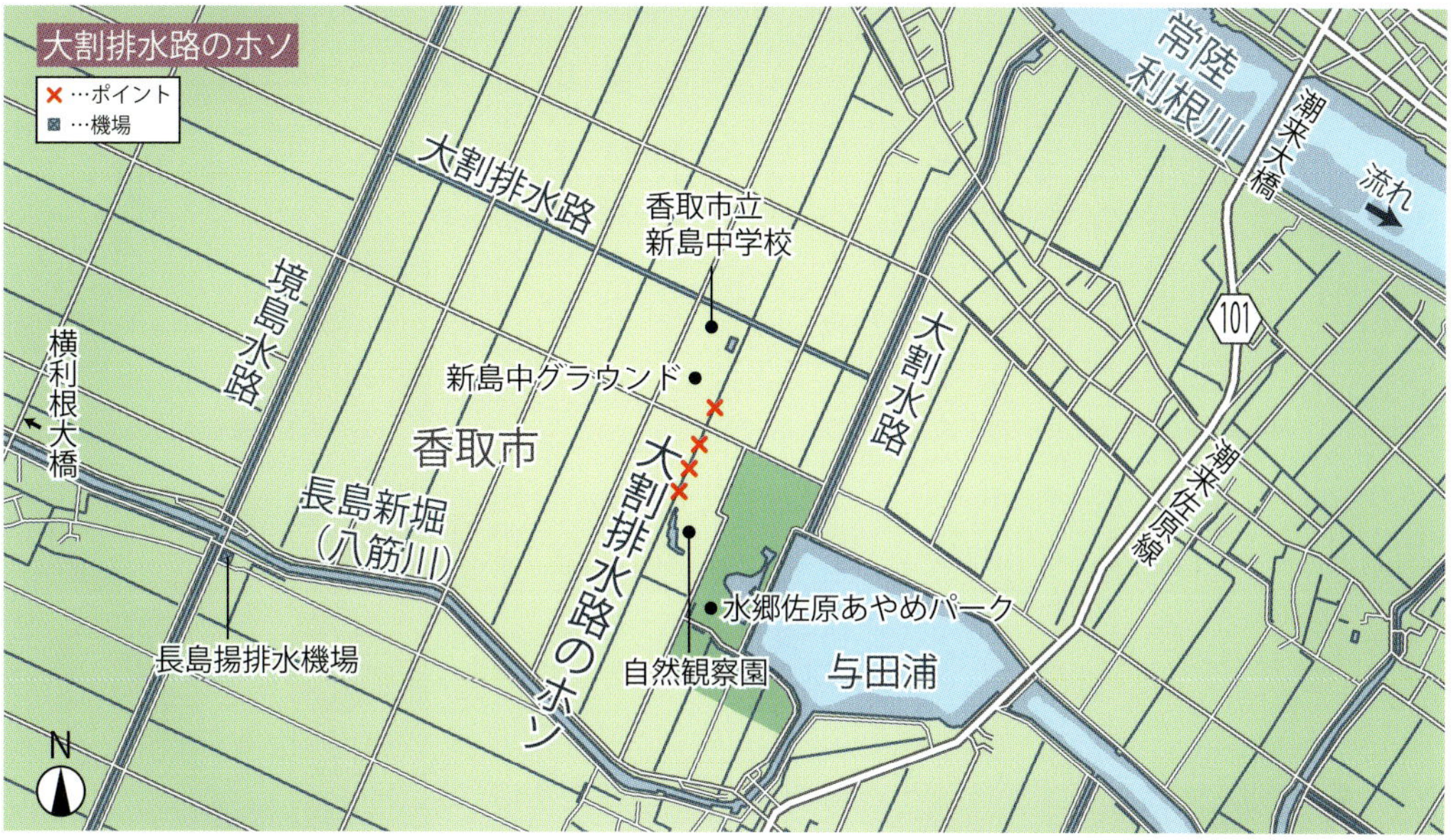

尺ブナをキャッチ。手にずっしりと重量感

流れと魚体サイズのミスマッチ感、尺ブナを取り込む

ポイント例（排水パイプ付近）

メかと思った矢先、従妹が尺ブナを釣りあげた。これに触発されて探っていると僕にも尺ブナ34㎝がヒットした。さらに期待したが大ゴイの連発となり1時間余りで終了した。

　大割排水路や周辺の境島水路は5月中旬には水位も上がる。この頃からが大割排水路のホソが面白くなる絶好のチャンスだ。周囲は田んぼなので、畦《あぜ》を壊さないように細心の注意を払って釣りを楽しんでいただきたい。

従妹が釣った尺ブナ

コイも多い

千葉県香取市

三之分目のホソ

マブナ

おすすめシーズン 3~5月

1月 2月 **3月** **4月** **5月** 6月 7月 8月 9月 10月 11月 12月

本命釣り場にフラれた時の抑え的存在としても貴重

ゲストフィッシュ クチボソ、コイ、ブルーギル、モロコ

千葉県香取市三之分目新田の常陸利根川の土手下に、幅1mほどのホソがある。最近は釣り人に会うことが少なくなったが、昔から春のマブナ釣りの好ポイントだった。三之分目機場を中心に両サイド300mほどと小規模ながら、春のマブナではボウズ逃れの釣り場で僕もずいぶんと助けられた。

かつては三之分目のホソ全体で中小ブナ主体に数もかなり釣れたが、近年の傾向は三之分目機場周辺が好ポイントとなり、以前のようにマブナが広く釣れなくなった点は残念だ。それでもマブナは入っているのだから、また全体に広がることを期待したい。

マブナのサイズは15~28㎝といったところ。尺は出ないかもしれないが、泣き尺サイズでもここでは大きいほうだ。

ホソの風景

使用する仕掛けは2・4~2・7mのマブナザオもしくは渓流ザオに、ミチイト1・2号をサオいっぱいに取り、ささめ針流線シモリストッパーアソート1号を5個通す。オモリはガン玉2~3号で遅ジモリバランスに整える。ハリは袖5号の上下2本バリ、ハリス0・6~0・8号10~13㎝。エサはキヂ（ミミズ）もしくは赤虫。

一番のポイントは三之分目機場周辺。特に、ホソに雑草が被さった場所等は一発でアタリが出ることが多い。仕掛けが絡まないように、マブナが掛かったら少し強引なやり取りで雑草を回避することも大事だ。

ほかに、駄目もとで一之分目方向や三之分目舟溜（舟溜は釣り禁止）方向へ探り歩くと好結果が得られるかもしれない。クランクがあったり小橋があったりと魅力的なポイントが続いている。

現地へのアクセス

車 東関道・佐原香取ICを降りて右折し県道55号佐原山田線を旭方面へ。約5km先の交差点を左折して県道44号に入り、小見川大橋を渡り、息栖大橋手前を左折。常陸利根川の土手道を2kmほど進む。

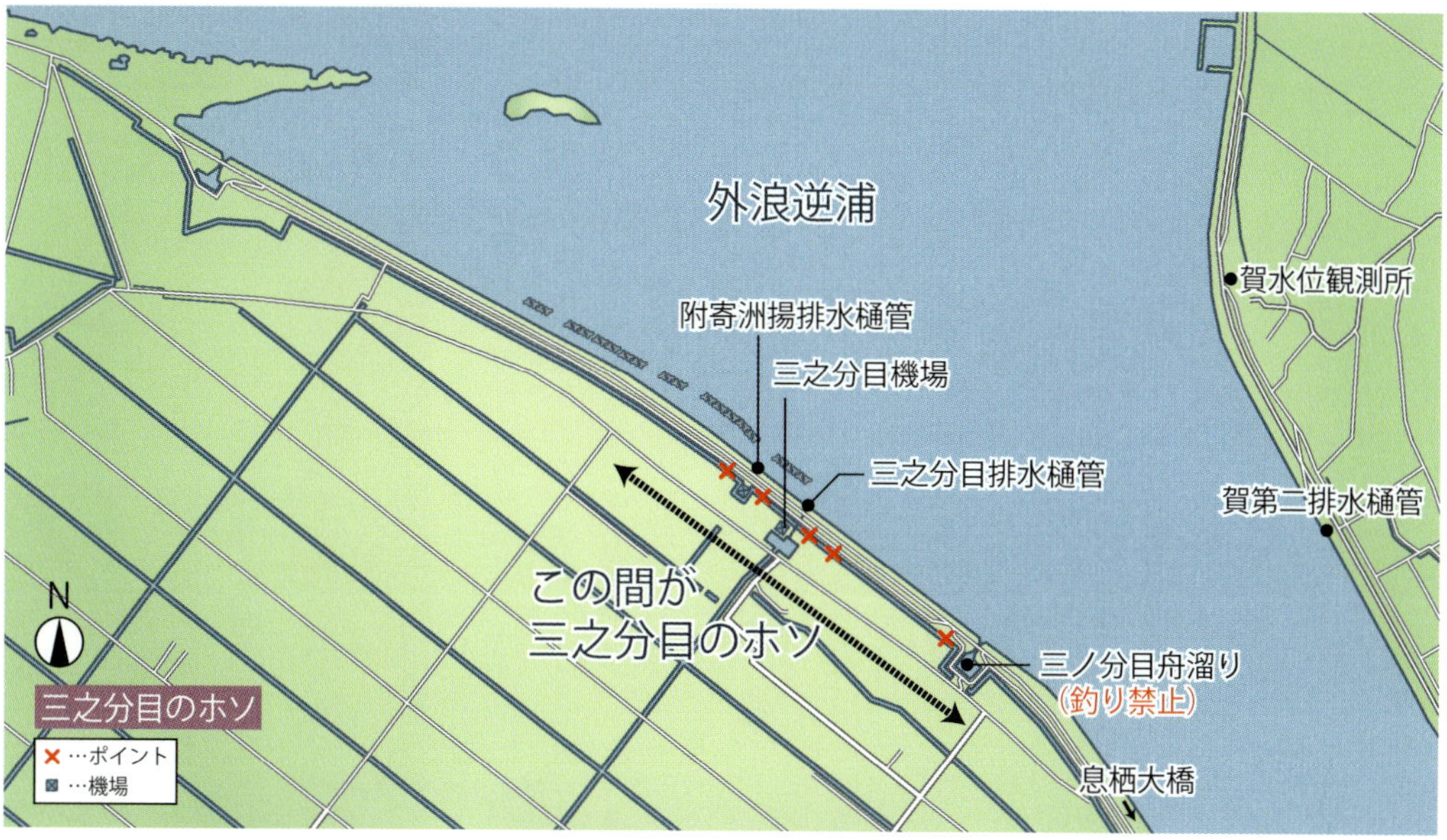

レギュラーサイズのマブナ

ホソのアシ周りに仕掛けを入れる

好ポイントを釣る

和ザオ関連の著作等で知られる葛島一美さんも中ブナを釣る

ブルーギルも多い

釣行記録

2023年は3月21日と4月29日、2024年は5月19日に釣行した。2～4人で釣行して1～2時間の釣りで、2～4尾の釣果。かつては20尾を超える釣果が出たもので、ずいぶん少なくなったと感じたが、ここに来れば必ず釣れる点は大いに魅力がある。

困った時はぜひ三之分目のホソに来てみてください。

茨城県土浦市

備前川上流部

マブナ

おすすめシーズン
3月下旬～4月上旬

1月 / 2月 / 3月 / 4月 / 5月 / 6月 / 7月 / 8月 / 9月 / 10月 / 11月 / 12月

ゲストフィッシュ
コイ（大型）、ブラックバス、ヘラブナ

春の雨後はマブナとヘラブナが大挙して乗っ込んでくる

茨城県土浦市を流れる備前川。下流は霞ヶ浦に流れ込んでいるが、マブナ・ヘラブナが乗っ込んでくるのは上流部のイオンモール土浦がある辺りである。

この川の特徴は、フナは下流の霞ヶ浦からではなく、上流部でつながっている桜川、上備前川から入ってくること。その数は驚くほど多く、3月下旬から4月上旬の雨後は大挙してマブナ・ヘラブナが産卵に乗っ込んでくる。

釣り場はやや足場の高いコンクリート護岸だが、ところどころにアシが生え、よい産卵場所になっている。水深は浅くフナの姿を見ることもできる。

使用するタックルは、3・6～4・5m渓流ザオに、遅ジモリバランスに調節した2本バリのシモリ仕掛け。エサはキヂ（ミミズ）もしくは赤虫。

足場が少し高いのと、場所によってはアシ越しの釣りになる

フナが入ってきていれば上流部のどこにでもいる感じだ。ポイントを挙げるとアシ周り、備前川に架かる橋周辺、水路の合流点など。泳ぎ回って上がるフナの土煙を目印にしてもよい。

釣行記録

2024年3月31日に釣行した。現地着は午前7時30分。前々日に降った雨でフナが入ってきているだろうという予想どおり大量のマブナ・ヘラブナがいたが、もうハタキ始めてしまっていた。至る所でバチャバチャと産卵をしている。

キヂを付け仕掛けを投入してみたが、見向きもしない。少し遅かったかと思ったが、赤虫に変えて再度探ると32㎝の尺ブナが食ってきた。その後も38㎝を追加したが、粘っても好転せずと判断して午

現地へのアクセス

車 常磐道・桜土浦ICを降りR354経由でR6バイパスに入る。上高津交差点手前でバイパスを降り上高津交差点を右折してイオンモール土浦方面へ。イオンモール土浦の裏が備前川上流部。

産卵場

橋の周りにフナがたくさんいた

尺ブナが釣れました

前10時に移動した。

春はタイミングが重要。前日もしくは釣行日の朝マヅメなら釣果も違っていただろう。上手く合えば大釣りだって夢ではない。備前川上流部はそのポテンシャルを充分に備えているのでチャレンジしてみませんか？

なお、70㎝を超えそうな大ゴイもウヨウヨいるので玉網は必携である。また、イオンモール土浦周辺は路上駐車出来ないので注意していただきたい。

茨城県稲敷郡

長浜のホソ

マブナ

おすすめシーズン
3月下旬～4月中旬

1月
2月
3月
4月
5月
6月
7月
8月
9月
10月
11月
12月

ゲストフィッシュ
アメリカナマズ、クチボソ、コイ（大型）、モロコ

タイミングが合えば1時間でも満足の釣果

霞ヶ浦南岸の新屋敷機場から清明川にかけて展開する湖岸の流れが長浜のホソ。幅1mほどの三面コンクリートの流れだが、春のマブナ釣りが面白い。

一見すると水が少なく、底のヘドロが浮いていることもあるが、そのような状況でも魚が泳ぐ時に上がる土煙が見られればねらってみる価値がある。水色が悪く見えても実際に釣りをしてみないと分からないので、水色だけで判断してしまうのはもったいない。

長浜のホソは3月下旬から4月中旬にかけてがベストシーズン。この間いつでも釣れるのではなく、雨後のタイミングでマブナがホソに入ってくるので、このような時は見逃せない。

タックルは2・4～2・7mマブナザオもしくは渓流ザオに、遅ジモリバランスに調節した2本バリのシモリ仕掛けが効果を発揮する。エサはキヂ（ミミズ）もしくは赤虫の房掛け。

幅1mほどの三面コンクリートのホソ

ポイントはホソの支柱、縦ホソの合流点、小橋の影、また清明川寄りのほうが若干深くて魚の多いポイントなので記憶しておいてほしい。マブナは20㎝クラスから尺上まで期待できる。そのほか大型のコイもウヨウヨいるし、アメリカナマズも釣れるので玉網は必携である。

ポイントに仕掛けを投入したらアタリの出方は早い。マブナが釣れる時はすぐにアタリが出る。このことを念頭に置いて構えておこう。

釣行記録

2024年3月31日、木原のホソで釣りを楽しんだ後、午後4時から5時まで

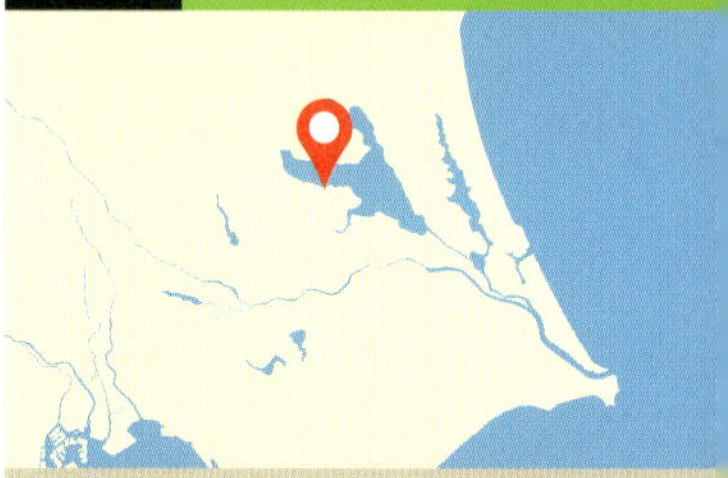

現地へのアクセス

車 常磐道・桜土浦ICを降りR354、125バイパスを走り、追原交差点を左折して県道34号に入る。湖岸側の旧道R125に突き当り右折。清明川手前の新屋敷～上舟子辺りで湖岸方面へ入る。

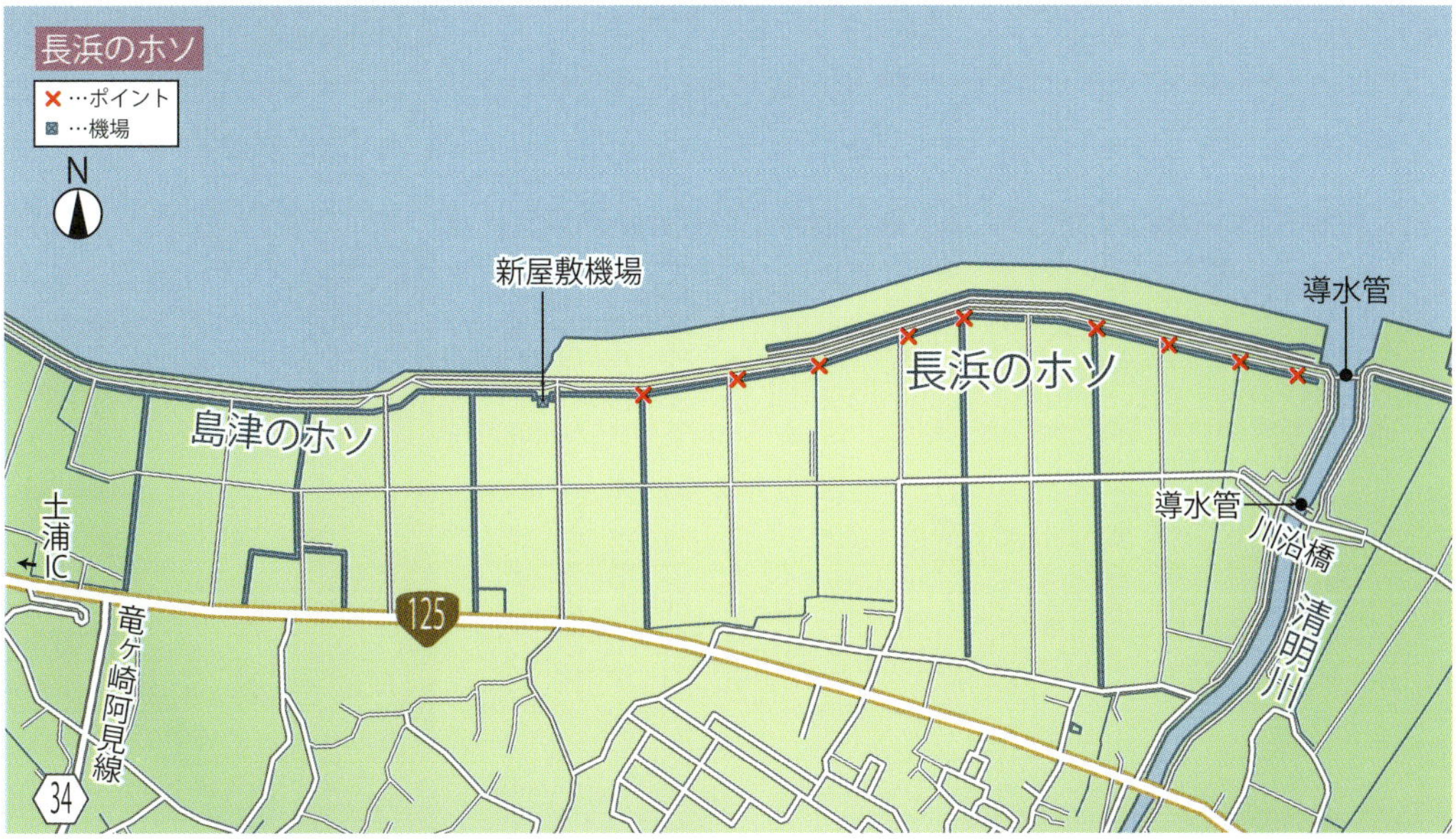

尺ブナ(下)を取り込む

清明川寄りのポイント

ゲストフィッシュのコイ

の1時間だけ釣りをした。前述のようにヘドロが水面に浮いている状況だったが、あちらこちらで小さな土煙が上がるのでマブナがいると確信した。清明川寄りで仕掛けを投入すると一発で尺ブナ(31㎝)が食ってきた。

その後9寸、最後に縦ホソ合流点で7寸を釣って終了した。大ゴイ、アメリカナマズもたくさんヒットしたので1時間の釣りにしてはアタリは非常に多かった。

春のマブナ釣りはタイミングが大事。上手く合えば短時間でも楽しめる。

茨城県稲敷郡

木原のホソ

マブナ

変化のないホソに見えて実は良型マブナがたくさん乗っ込む

おすすめシーズン　**3月下旬～4月上旬**

1月 2月 3月 4月 5月 6月 7月 8月 9月 10月 11月 12月

ゲストフィッシュ　クチボソ、コイ、ニゴイ、モロコ

茨城県稲敷郡美浦村木原にある霞ヶ浦南岸の木原のホソは、舟子高位部排水樋管前の砂利処理場から木原取水場先にかけて湖岸沿いに展開する。かつては秋の小ブナ釣りの好ポイントだったが、現在は乗っ込みブナの時期がいい。木原取水場周辺が人気で、春のシーズンになると釣り人が絶えない。

砂利採取場周辺のホソの幅は1mほど。木原取水場周辺は少し広く、2mほどある雰囲気のよいロケーションだ。

木原取水場周辺は、確かに釣れそうな雰囲気がムンムンで探りたい気持ちに駆られるが、僕のおすすめはズバリ、砂利処理場周辺のホソだ。以前から良型マブナがたくさん乗っ込んでくる好ポイントなのだが、いたって普通のホソで何の変化もなく、スルーする釣り人も少なくない。マブナは舟子高位部排水樋管から入ってくると思われ、上手くタイミングが合うと大変楽しい釣りを堪能できる。

使用するタックルは2・4～3mマブナザオもしくは渓流ザオに、ミチイト1・2号をサオいっぱいにとり、シモリウキを5個通してガン玉5号で遅ジモリバランスにした仕掛け。ハリは袖5号ハリス10～13㎝。上バリと下バリの2本バリ仕掛けとし、エサにはキヂ（ミミズ）、赤虫を使用する。キヂは小さいものなら2～3匹掛け、赤虫はハリが隠れるくらいたっぷりと装餌する。

直線状に伸びる木原のホソ

砂利採取場付近

ポイントは縦ホソの合流点、ホソの支柱の両サイド、排水樋管周辺を探るとよい。ホソに入ってきたマブナがいればすぐにアタリが出ると思って釣りをしてほしい。ゆっくりとウキが沈んでいき、オ

現地へのアクセス

車　常磐道・桜土浦ICを降りR354、125バイパスを走り、追原交差点を左折して県道34号に入る。湖岸側の旧道R125に突き当り右折。木原駐在所入口を左折して県道120、223号で木原のホソへ。

従妹と尺ブナのダブルヒット

抱卵した尺ブナ

従妹が掛けた尺ブナを取り込んだ

僕にも尺ブナがきました

モリがトンッと底に着いた時にシモリウキがクッと入るイメージだ。10～20秒待ってもアタリが出なければ、仕掛けをホソに沿って横に移動させたり仕掛けを打ち返したりする。大切なのは仕掛けを入れっ放しにしないことで、誘いをかけて食いを促すこと。

釣行記録

2024年3月31日、僕の直感が働いて久しぶりに釣行した。砂利処理場前のホソの様子を見ると、パシャッパシャッとはたく音がしていた。マブナは入っていると確信してサオをだすと29～36㎝を8尾釣ることができた（7尾が尺上）。同行の従妹も8尾をキャッチ。

このようにタイミングが合うと、非常に楽しい釣りができるのが木原のホソの魅力だ。皆さんもぜひ堪能していただきたい。

茨城県稲敷郡

十三間戸のホソ

マブナ

おすすめシーズン
5月中旬～6月上旬

1月
2月
3月
4月
5月
6月
7月
8月
9月
10月
11月
12月

ムラが大きいがタイミング次第で尺ブナもよく出る

ゲストフィッシュ
アメリカナマズ、クチボソ、コイ（大型）、モロコ

現地へのアクセス

車 首都圏中央連絡道・稲敷東ICを降り、県道103号（江戸崎下総線）を左折して直進。県道11号（取手東線）に出る手前を左折して道なりに進むと十三間戸のホソに出る。駐車スペースは少ないので迷惑がかからないように注意していただきたい。

茨城県稲敷郡河内町周辺は広大な田園地帯である。十三間戸《じゅうさんまど》のホソは幅2mほどの農業水路で、最下流の水門で利根川とつながっている。ホソは水門から上流の大浦新堀方面に伸び、途中で左右にも枝分かれしている。利根川に沿って走る取手東線からは見過ごしてしまいそうなホソなので、釣り人も多く訪れることはない。

例年、5月中旬から6月上旬にかけて釣果が上がる。マブナのサイズは大きく尺ブナもよく釣れる。反面、ムラがあり型を見ることが出来ない日もある。うまくマブナが入ってきた時に当たると、ガツンとくる大型の引きを楽しめる。そのほか、大型のコイやアメリカナマズもよく掛かる。

実績があるのは、利根川に排水する水門寄りが多い。水門寄りには民家があり、小橋が架かっていて影になる場所が多い。その影の部分が絶好のポイントなので必ずねらおう。

そのほかにはホソの支柱の両サイド、水路の流入場所、排水パイプの周辺など。このようなポイントを足で丹念に探り歩くことが大事である。水門寄りは少し足場が高いが、ほかは平坦で足場もよい。

手前へチもポイントになるので、ホソから少し離れることも大切だ。ただし道路からの釣りになるので、車等には充分注意していただきたい。

仕掛けは渓流ザオ3～3.6m、ミチイト1・2号をサオいっぱいに取り、0号ナツメ型シモリウキ5個にガン玉5号でバランスを取った遅ジモリ仕掛け。ハリは袖5号ハリス0・8号10～13㎝。上

利根川の土手から十三間戸のホソを望む

大浦新堀方面に向かうホソの風景

いい引きを見せてくれる

ポイント一例（流れ込み）

利根川方面に向かうホソの風景

8寸をキャッチ

アメリカナマズも多い

下バリの2本バリ仕掛けにするとよい。

エサはキヂ（ミミズ）のほか、食いが悪い時用に赤虫も持参したい。

釣行記録

2023年6月4日、大雨2日後の釣行だった。十三間戸のホソのあちらこちらでハタキ（浅場で激しく動いて水音を立てる）が行なわれていた。たくさんのマブナがいて一安心だが、食ってくるのはコイとアメリカナマズだ。そのうちに小橋の影からようやく8寸（24㎝）のマブナが出た。マブナはたくさん入ってくるのでタイミングさえ合えば楽しい釣りになるはずだ。乗っ込みの後半戦、大型のマブナと運よく巡り合えますように！玉網の用意も忘れずに。

千葉県成田市

根木名川のホソ

マブナ

おすすめシーズン
5月～6月上旬

1月
2月
3月
4月
5月
6月
7月
8月
9月
10月
11月
12月

春の後半戦にリストアップ、流れのあるホソで中ブナを

ゲストフィッシュ
アメリカナマズ、ウグイ、クチボソ、コイ、モロコ（※そのほかミシシッピーアカミミガメ、スッポン）

現地へのアクセス

電車 駐車スペースがほとんどないので〝釣り鉄〟向きの釣り場である。JR成田線久住駅下車、根木名橋まで2㎞ほど。徒歩40分と不便ではあるが安心して釣りができる。

千葉県成田市を流れる利根川支流・根《ね》木《こ》名《な》川は春のマブナ釣り場である。マブナが釣れるのは本流ではなく本流脇を流れる幅3mほどのホソで、長沼地区の根木名橋周辺がよい。ホソは両岸にあるが左岸側のホソが好ポイントで、特に根木名橋上流に実績がある。

機場が動く関係か、若干流れがある。しかし水が動いていることは魚の活性を上げてくれるので都合がよい。また、ホソといってもアシが生えていて雰囲気もよい。ホソの左岸農道から釣りをする。

3・6～3・9mの渓流ザオに遅ジモリバランスのシモリ仕掛けをセット。ハリは袖5号ハリス0・8号10～13㎝で、上バリと下バリの2本バリ仕掛け。エサはキヂがよい。

根木名橋からホソ上流を見る

ポイントは対岸のアシ際や水路の出口、根木名橋下流にあるホソの分岐点などを足で歩いて探り釣りを徹底すると釣果も伸びる。

釣れるマブナのサイズは15～20㎝が中心だが、尺ブナや泣き尺クラスも過去に釣れているので油断は禁物だ。その他の魚種としてウグイ、コイ、またスッポンやミシシッピーアカミミガメなども釣れてくる。

根木名川のホソの釣期はゴールデンウイーク後から6月上旬がよい。

釣行記録

2023年5月28日、根木名橋上流左岸のホソで釣りをした。当日は快晴で28℃と暑い春の日だった。アシ際を中心に探り15～20㎝のマブナ8尾。大型のコ

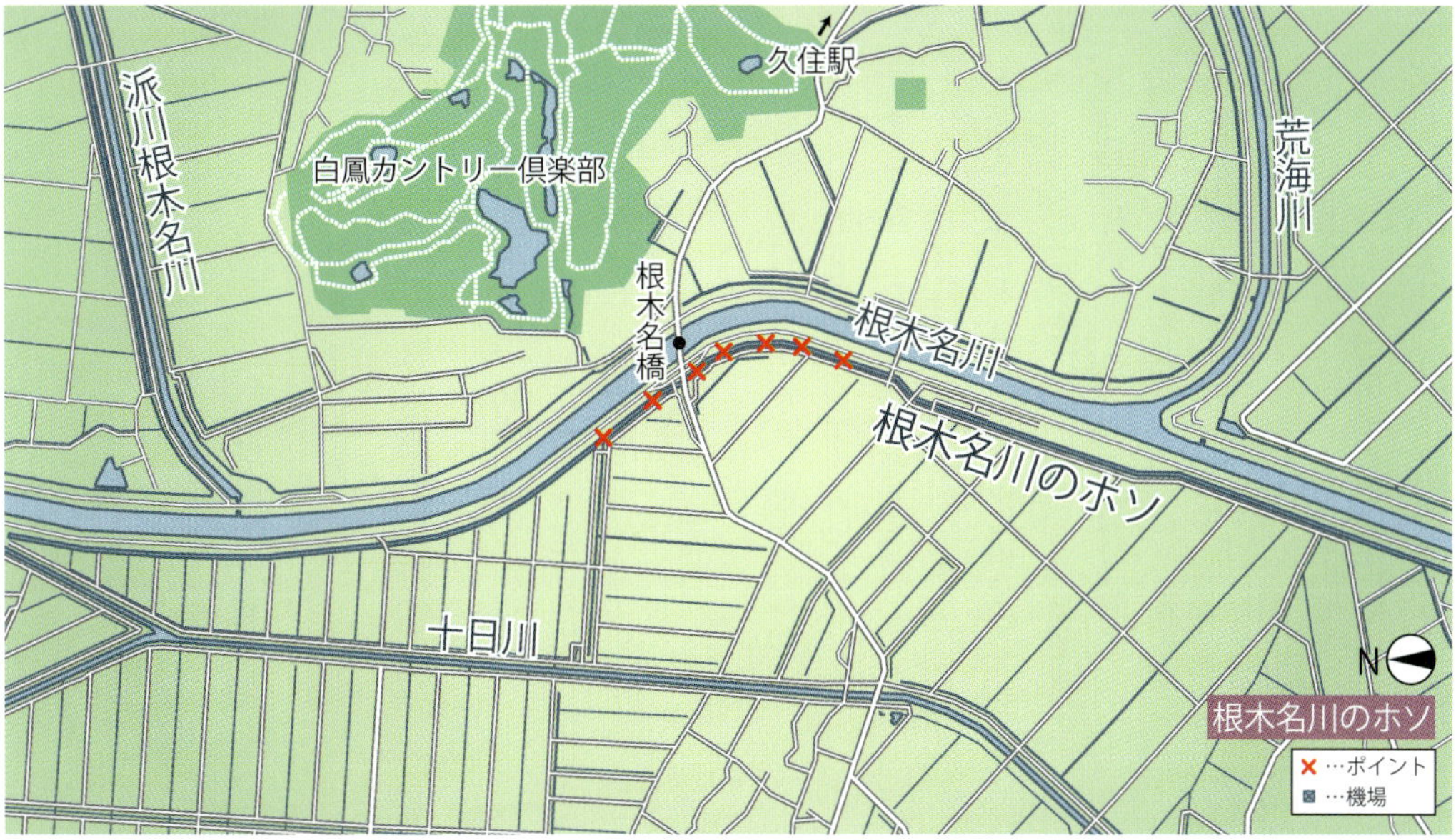

水路の吐き出し口

根木名橋からホソ下流を見る

根木名橋上流のホソ近景

ウグイもきた

少しよい型がきた

ホソの上をジャンボが飛ぶのどかな風景

アメリカナマズも釣れる

イ、スッポン、ミシシッピーアカミミガメも困るのだがよく掛かってしまった。

青空をジャンボジェット機が飛んでいく。春のシーズン後半戦、成田周辺ののどかな風景の中でマブナ釣りを楽しんでみませんか？

千葉県我孫子市

二号排水路

マブナ

おすすめシーズン
3月下旬〜5月下旬

1月
2月
3月
4月
5月
6月
7月
8月
9月
10月
11月
12月

ゲストフィッシュ
コイ、ヘラブナ

暖かい雨が降った後は期待大。奇跡の爆釣実績あり

千葉県我孫子市、利根川に架かる大利根橋上流右岸にある二号排水路は春のマブナ釣りが面白い。青山水門下流の青山落しからたくさんのマブナ、ヘラブナ、コイが上ってくる。

初めて釣行したのが30年前で、何度も楽しい釣りを体験させてもらった思い出のある場所。なかでも忘れられないのが1997年3月30日、雨後で気温が25℃を超える夏日となり、たくさんのマブナ、ヘラブナ、コイが二号排水路を泳ぎ回る乗っ込みに遭遇した。この日は4時間で50尾近いマブナを釣り、人生初の春の大釣りを体験できた一日だった。

釣り場は青山水門上流から三号排水路合流点とゴム堰下まで。三号排水路合流点下流左岸から青山水門上流左岸まではテラス状になっていて、比較的足場もよ

農道側（右岸）からの二号排水路の流れ

いので釣りやすい（一部雑草が生い茂っている個所もあるので注意してほしい）。

マブナの産卵を促すのは雨で、特に暖かい雨が降った後は要チェックである。春はタイミングなのでこれが合わないと釣れない。以前のような大釣りは出来なくなったが、現在もたくさんのマブナ、ヘラブナが上がってくるので爆釣があるかもしれない。

二号排水路でのタックルは4・5m渓流ザオに、遅ジモリバランスに調節した2本バリのシモリ仕掛け。ハリは袖5号ハリス0・8号10㎝。エサは赤虫をメインにキヂ（ミミズ）もあるとよい。

魚は浅い所にいることが多く、目視できれば群れを驚かさないように少し離れた場所に仕掛けを投入して、静かに群れに近づけてくる。テラスからは沖→中沖

現地へのアクセス

電車 "釣り鉄" 向きの釣り場。JR常磐線取手駅下車で利根川を渡るか、手前の天王台駅下車。後者の場合は北口に出てくすの木通りを直進。天王台駅北口入口交差点を左折。青山台交差点を渡って農道を利根川方面に歩くと二号排水路に出る。

釣行日のポイント。左岸側はテラス状になっていて比較的足場がよい

三号排水路合流点下流から二号排水路を望む

左岸から見た二号排水路

引きが強かった尺ブナ

重量感のある尺ブナ

↓手前へチと引き釣りの要領でゆっくり探ってくる。

釣行記録

2024年4月21日に釣行したが、タイミングが少し遅かった感じであった。フナはたくさんいたが食い気がない。それでも2時間で30～39㎝の尺ブナを4尾キャッチ。キヂから赤虫の房掛けに変更したのが功を奏した。

上手くタイミングが合えば入れ掛かりも夢ではない。こういう機会はなかなかないけれど、期待を持たせてくれるマブナ釣り場である。

茨城県板東市

鵠戸川

マブナ

おすすめシーズン
3月～5月下旬

1月
2月
3月
4月
5月
6月
7月
8月
9月
10月
11月
12月

ゲストフィッシュ
クチボソ、コイ、ブラックバス、ヘラブナ、モロコ

マブナ釣りファンの姿は消えたが魚影は今も健在

茨城県板東市鵠戸《くぐいど》にある鵠戸川は古河市辺りから流れ出し、長谷《ながや》で利根川に注ぐ流程の長い川である。ちなみにネットの地図では鵠戸川となっているので本書も鵠戸川とさせていただくが（地理院地図では河川名記載なし）、昔は鵠戸水路とか鵠戸用水と呼ばれ、よく知られたマブナ釣り場だった。

下流域の長谷はヘラブナの釣り場として賑わっている。

マブナ釣り場のポイントは、県道215号（伏木坂東線）の鵠戸橋から上流に向かって1kmくらいまでがよい。鵠戸橋のたもとに機場があり、かつてこの周辺は寒ブナ釣り場として知られていた。

鵠戸川は幅10mほどの灌漑用水で周辺には田んぼが広がっている。現在はマブナよりもブラックバスの釣り場として知られているようで、訪れる釣り人の多くはバサーである。ヘラブナ釣りの人もたまに見かけることはあるが、マブナねらいはほとんど皆無。とはいえマブナがいないわけではない。往年の釣り場と呼ぶにはまだまだ早い。

鵠戸川は直線的で、目立ったポイントはカーブ付近の土管と、鵠戸橋の機場から先1つめの橋の両サイドにある機場の排水くらいだ。

それ以外はどこをねらうのかというと、ズバリ手前へチ。水際から離れて根気よく丹念に探ること。注意深く観察して水面に小さな泡がプクプクと出ていたりすれば、マブナがいる可能性大だ。

仕掛けは3・6～3・9m渓流ザオに遅ジモリバランスの2本バリシモリ仕掛け。ハリは袖5号ハリス0・8号10cm。エサはキヂ（ミミズ）もしくは赤虫。釣れる時はアタリがすぐに出る。シモ

上流（地図上北側）に架かる無名の橋の両サイドにある機場

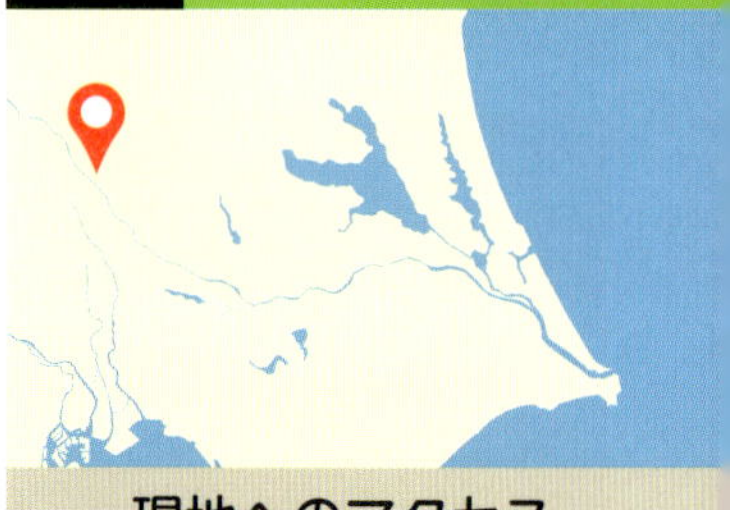

現地へのアクセス

車 常磐道・柏ICを降りR16を春日部方面に走る。柳沢交差点を右折し、芽吹大橋を渡る。矢作交差点を左折し県道329号経由で県道142号（岩井野田線）に入る。総合文化ホール前交差点を左折。次の信号篠山西交差点を左折して県道215号（伏木坂東線）に入り進むと鵠戸橋。

無名の橋から
上流を見る

カーブしているところのポイント
（右岸は頭上高圧線注意）

無名の橋から
下流を見る

春の日差しを浴びて輝く25～27㎝マブナ

リウキが1つでもツッと引き込まれたらしっかり合わせられるように、常にアタリが出るイメージを持って釣りをしよう。

釣行記録

2024年春、4月7日と5月5日に釣行した。4月7日は田んぼからの濁りで当たらず。5月5日は水色も申し分なく期待が持てた。1つめの橋の手前左岸で8寸と9寸を1尾ずつ釣った。その後はアタリが遠く、2時間2尾で終了。

コイやブラックバスもよく掛かるので玉網は必携だ。鵜戸川のマブナ釣りはまだまだ往年の釣り場とは呼ばせない。

埼玉県春日部市

上柳のホソ

マブナ

おすすめシーズン
3月～4月中旬

1月
2月
3月
4月
5月
6月
7月
8月
9月
10月
11月
12月

ゲストフィッシュ
クチボソ、コイ（大型）、モロコ

外道のコイを驚かせて本命を散らさないことが肝心

埼玉県春日部市上柳。中川に架かる中川橋上流左岸に展開する上柳のホソは、機場から旧庄和町方面に向かう幅1・5mほどの水路と、中川と平行している水路である。2本のホソが合流する機場前は広くなっていて魚の溜まり場だ。春を迎え水が温んでくるとホソに移動していく。

中川と平行して流れるホソは比較的水深が浅くマブナも少なく感じる。本命は旧庄和町方面に向かうホソだ。機場から埼葛広域農道までが好ポイント。こちらのホソも全体的に浅いが、水路の合流点や小橋の影、排水のある場所、埼葛広域農道にぶつかるクランクなどをねらいたい。また2本のホソ共に機場寄りは少し水深があるのでマブナが付いている。

土手道からホソまでは少し足場が高く、下に降りずに長めのサオで土手道から釣りたい。むやみに降りると水深が浅いので魚を驚かせてしまい釣りにならない。特に大ゴイが多く、本命のマブナを散らしてしまうので静かに釣ることを心がけてほしい。

タックルは3・6mの渓流ザオに、遅ジモリバランスに調節した2本バリのシモリ仕掛け。ハリは袖5号ハリス0・8号10～13㎝。エサはキヂ（ミミズ）をメインに赤虫もあれば万全だ。

埼葛広域農道から中川方向を見たホソの流れ

機場前のホソの分岐点

釣行記録

2024年は4月14、17日に釣行した。14日は午後から2時間で機場寄りの平場でもマブナが食ってきた。旧庄和町方面に向かうホソの1つめの橋の先に排水場所があり、ここで31㎝の尺ブナが出た。この日のマブナは広く散っていて18～31

現地へのアクセス

電車 東武スカイツリーライン春日部駅東口より関宿中央ターミナル行またはイオンモール春日部前行バスで新川橋下車。中川左岸を上流に行くと上柳のホソ。

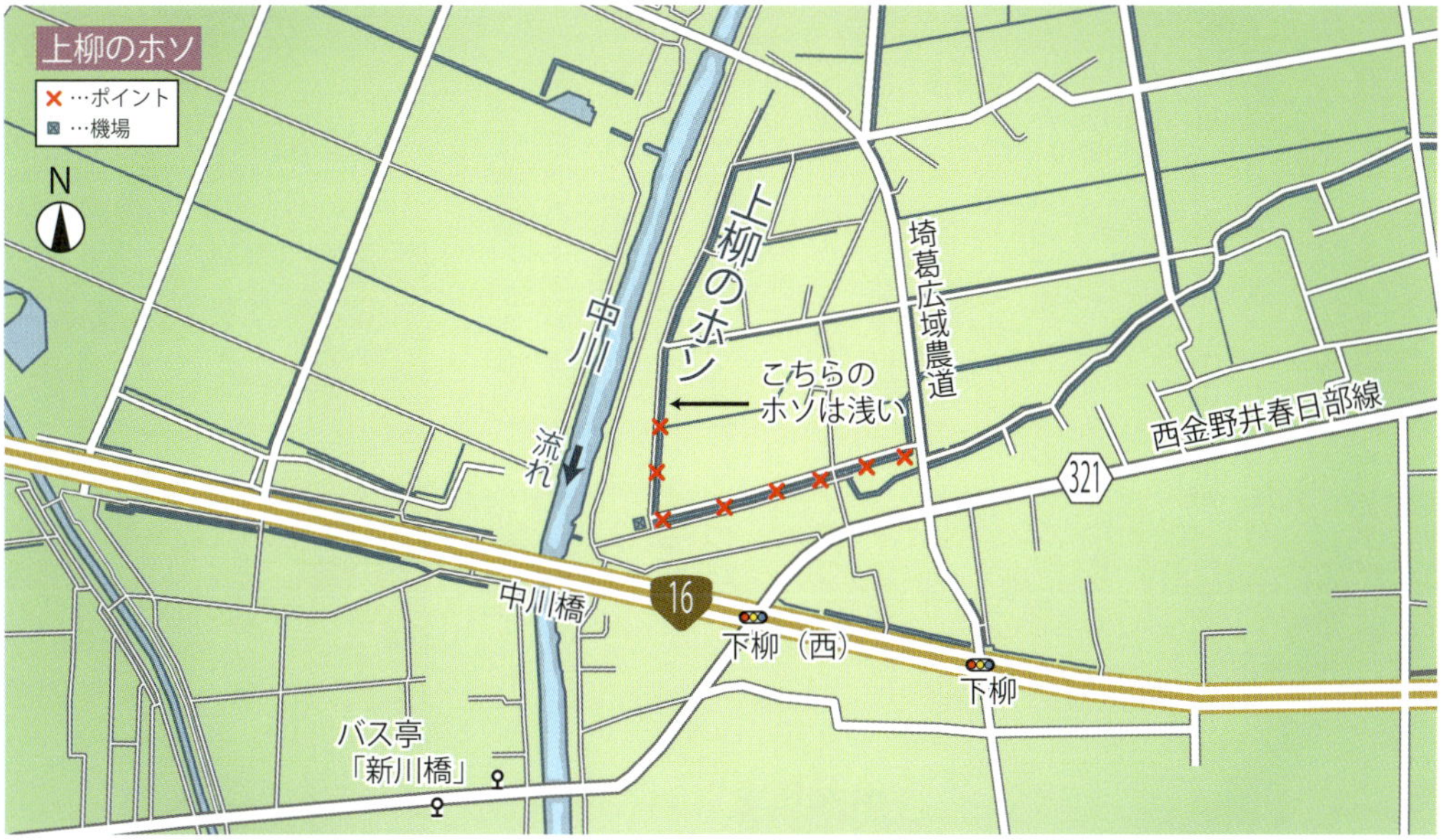

これは8寸

埼葛広域農道と平行して流れるホソ

中川と平行しているほうのホソ

中ブナも多い

尺ブナも出た

cmが6尾。17日は昼から1時間で平場では当たらず。前回尺ブナが釣れた排水場所のポイントで18〜33cmが5尾。

3月から4月中旬がねらいどきである。マブナ釣り場の穴場を楽しんでいただきたい。

埼玉県春日部市

中庄内排水路

マブナ

大ゴイ、ナマズをかきわけて!? 本命の尺ブナに出会う

おすすめシーズン
3月下旬～4月中旬

1月 2月 3月 4月 5月 6月 7月 8月 9月 10月 11月 12月

ゲストフィッシュ
コイ（大型）、ナマズ

埼玉県春日部市金崎（旧北葛飾郡庄和町）にある中庄内排水路は、上吉妻方面からの水を中川に落とす排水路である。マブナ釣り場としてはほとんど無名で、知っているのはナマズねらいの釣り人だろう。

僕はこの釣り場を20年前に見つけてときどき様子を見ていた。大ゴイが非常に多く、8割はコイといっても過言ではない。しかし、この大ゴイに混じって尺ブナがいるのである。このような無名の釣り場で尺ブナが出るのだからワクワクする。

排水路の幅は5mほどだが、足場がやや高く水深が浅いので、土手の上からサオをだす。3・6～4・5mの渓流ザオに、遅ジモリバランスに整えた2本バリのシモリ仕掛け。ハリは渓流7号もしくは袖6号、ハリスは0・8号10～13㎝。エサはキヂ（ミミズ）。

ポイントは、金崎橋上流と禿地《かむろうち》橋上流左岸にある水路の合流点である。金崎橋上流は右岸から、禿地橋上流は左岸からの釣り。どちらも小さなポイントなので少人数向きである。大ゴイはウヨウヨいるが、その下や周りに尺ブナが付いているので大ゴイは避けて通れない。

禿地橋上流水路の吐き出しポイント

釣行記録

2024年4月16日に釣行した。当日は25℃を超える夏日であったが、中庄内排水路のマブナ釣りもまた熱いものがあった。下流から上流にポイントを探しながら歩いてきて、タイミングよく禿地橋上流左岸の水路合流点に入っていたナマズねらいの釣り人が移動した。入れ替わりでこのポイントに入り、第1投目で60㎝のナマズがヒット。

気を取り直して合流点の反転流を探っ

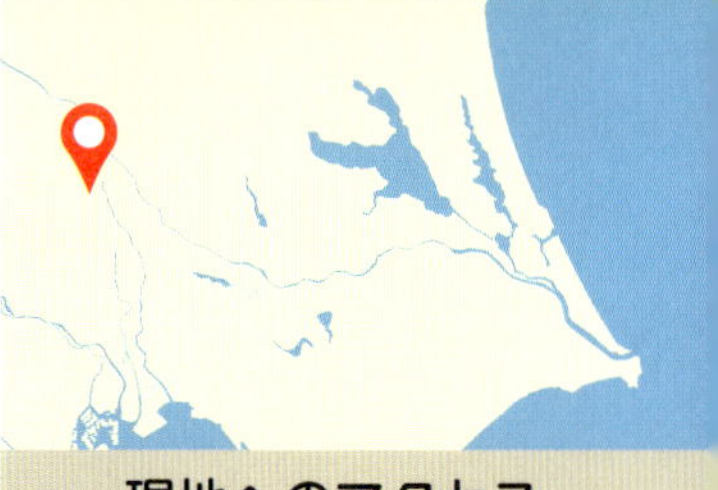

現地へのアクセス

電車 駐車場所は全くないので電車釣行になる。東武アーバンパークライン南桜井駅下車。線路沿いを藤の牛島駅方面に歩き県道42号松伏春日部関宿線に出たら右折。最初の信号を右折すると禿地橋に出る。

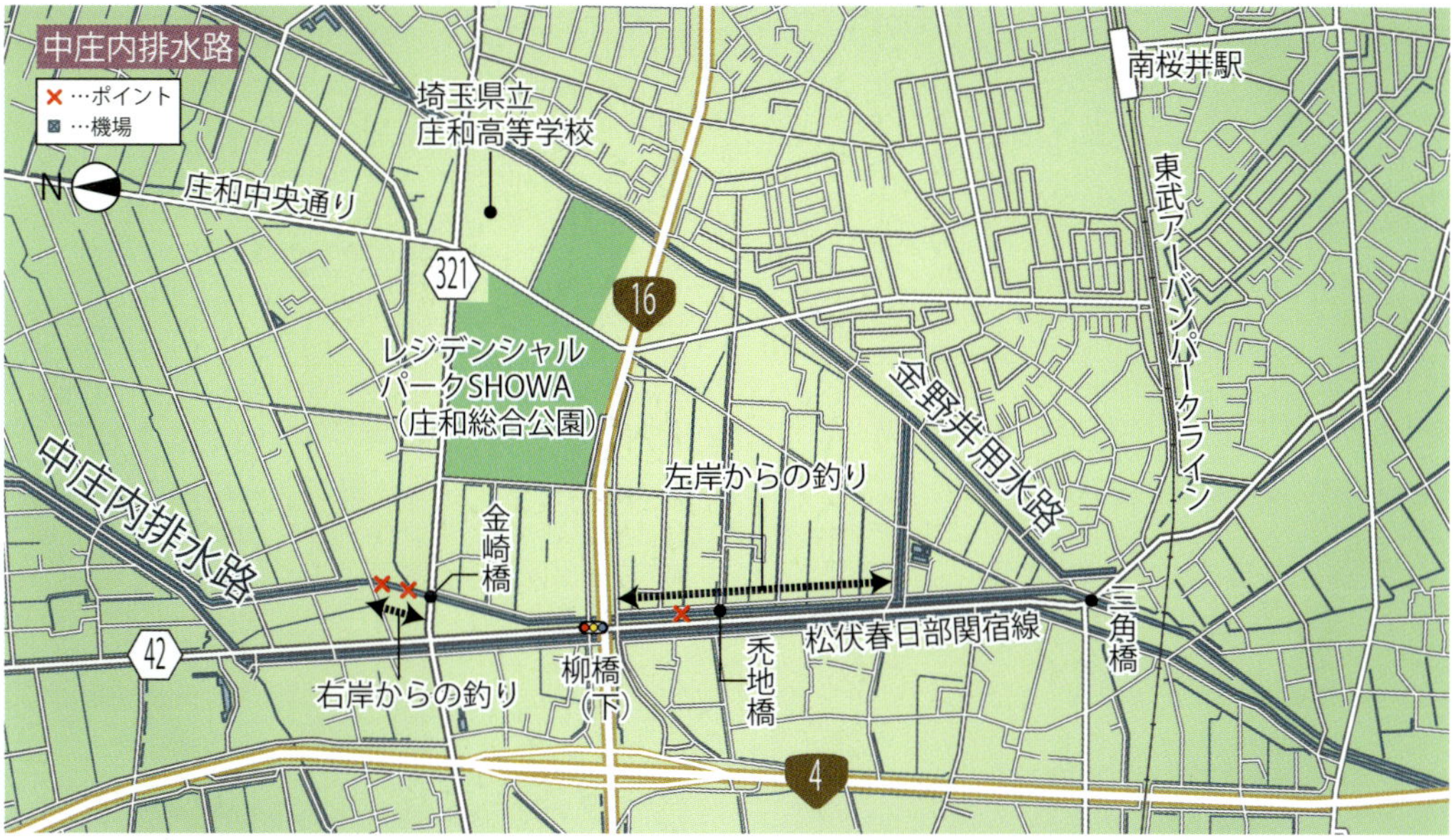

春の日差しを浴びて
輝く尺ブナ

33cm の尺ブナ

金崎橋上流の流れ

金崎橋上流の水路合流点

ているとすぐにアタリが出て30㎝の尺ブナがきた。この後、立て続けに尺ブナが5尾ヒットして1時間で30～36㎝を6尾。

ところが好事魔多しで、この後は大ゴイ連発となり上流の金崎橋に移動。ここにもマブナはたくさんいたが、大ゴイが先にヒットして場荒れしてしまった。

マブナもコイもナマズも大型揃いのため、2・4～3mの玉網は必携。短時間であったが腕が痛くなるほどの引きを堪能した。皆さんも味わってみませんか？

千葉県野田市

八間堀のホソ

マブナ

おすすめシーズン
3月下旬～4月中旬

1月
2月
3月
4月
5月
6月
7月
8月
9月
10月
11月
12月

釣りやすく平場でも食ってくる探り甲斐のあるホソ

ゲストフィッシュ
クチボソ、コイ、ヘラブナ、モロコ

千葉県野田市船形、利根川に架かる芽吹大橋上流右岸にある八間《はっけん》堀。その八間堀に合流する幅2mほどのホソが道路沿いにあり、3月下旬から4月にかけて八間堀からマブナ、ヘラブナが入ってくる。

ホソの全長は500m以上あるが、上流へ行くに従って浅くなり、釣り場になるのは500mくらいである。

僕はこの釣り場を20年ほど前からチェックしているが、春のシーズンにはいつも釣り人がいる。特に、八間堀合流点付近はヘラブナねらいの人が入っている。

僕はいつも合流点付近を避け、1つ先の小橋から釣り始める。小橋といっても道路の下をホソがくぐり小さな暗渠になっていて、よいポイントなのだ。

ほかには縦ホソの合流点やホソに雑草がかかっている周辺、ホソのヘチ寄り、そして平場でも食ってくることがあるので、大変探り甲斐がある。

春ののどかな釣り場風景

タックルは2・7～3mのマブナザオか渓流ザオにミチイト1～1・2号をサオいっぱいに取り、ささめ針流線シモリストッパーアソート1号を5個通す。オモリはガン玉2～3号で遅ジモリバランスに整える。上バリ下バリの2本バリで、ハリス0・6～0・8号10～13㎝。

エサはキヂ（ミミズ）もしくは赤虫。キヂは小さいものなら2～3匹付け、赤虫ならばハリ全体が隠れるくらいにたっぷりと装餌する。

マブナが釣れる時はアタリの出方が早く、すぐに食ってくる。それゆえオモリ着底後はウキに集中しよう。20秒ほど待ってもアタリが出ない場合は仕掛けを

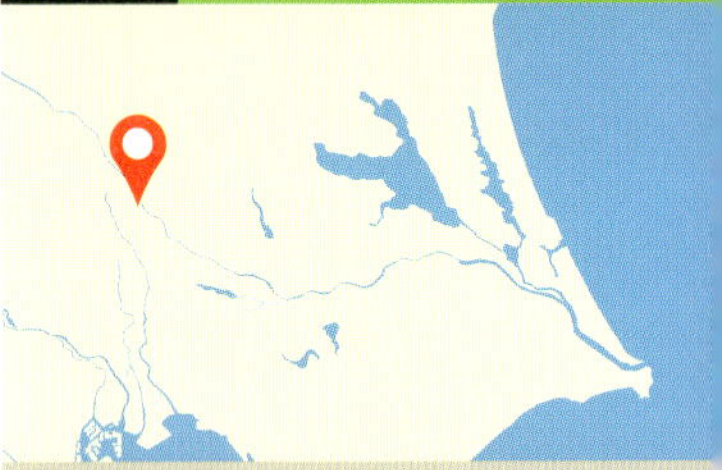

現地へのアクセス

車 常磐車柏ICを降りR16を春日部方面へ。柳沢交差点を右折して芽吹大橋方面へ。橋から約600m手前の芽吹大橋下交差点を左折して直進すると八間堀に出る。

尺ブナが来た！

ホソのようす。道路沿いだが釣りやすい流れ

これは従妹が釣った尺ブナ

八間堀親水広場前辺りでは桜も楽しめる

移動したり、再投入しよう。テンポよく探ることを心がけてほしい。

釣行記録

2024年4月7日に釣行した。フナがいるわりにはなかなか釣れず苦労したが、キヂから赤虫に変えてなんとか32㎝の尺ブナを釣ることができた。同行の従妹も尺ブナを釣りあげた。

フナの魚影は多いのでタイミングさえ合えば楽しい釣りができるはずだ。

埼玉県吉川市

二郷半領用水路

マブナ

春秋2シーズン楽しめる長めのタモ必携の駅近釣り場

おすすめシーズン
3月上旬～4月上旬（春）
9～10月（秋）

1月
2月
3月
4月
5月
6月
7月
8月
9月
10月
11月
12月

ゲストフィッシュ
クチボソ、コイ（大型）、モロコ、ヤマベ

　JR武蔵野線吉川駅すぐそばを流れる二郷半領《にごうはんりょう》用水路は三面コンクリートの水路で、両岸フェンス張りになっている。JR武蔵野線の線路より上流は道路からの釣りで注意が必要。下流は二郷半領用水緑道として整備されている。

　水路の幅は3mほどで水深は40～50㎝。水色はササニゴリの時もあれば澄んでいることもある。どちらかというと、秋はササニゴリで春は澄んでいることが多いようだ。

　仕掛けは、2・7mのマブナザオもしくは渓流ザオに遅ジモリバランスに整えたシモリ仕掛け。ハリは袖かフナバリの5号で上下2本バリが効果的。エサはキヂ。

　フェンス越しの釣りとなるので、水が

JR武蔵野線下流側の二郷半領用水緑道と二郷半領用水路

木売堰

澄んでいる時はやや離れたところから魚を驚かさないように仕掛けを投入すること。静かに釣ればマブナはエサを食ってくる。そして掛かったら、群れから引き離してなるべく場荒れさせないようにすることがコツ。フェンス越しに取り込むので玉網は2・4mほどの長さがあると安心だ。

釣行記録

　二郷半領用水路は小ブナ釣り場として認識していた。用水の役割が終わった秋に小ブナでも釣ろうと訪れたところ、釣れたのは小ブナではなく中ブナで、尺ブナもヒットした。

　秋に良型のマブナが釣れたのできっと春も釣れるのではないだろうかと思い、2024年3月24日に釣行した。

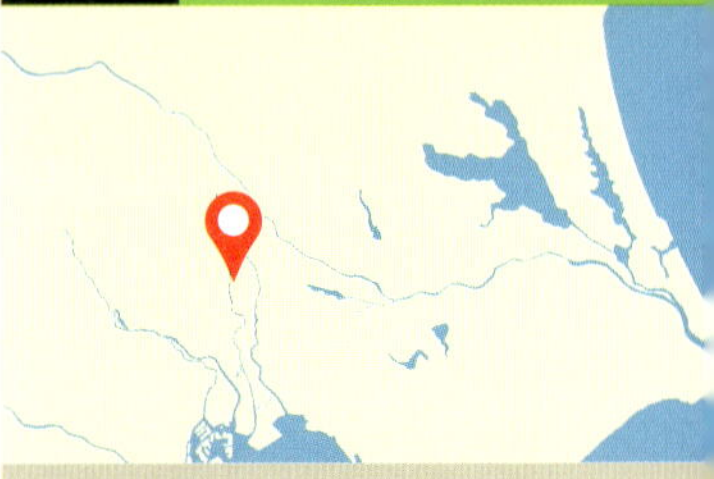

現地へのアクセス

電車　JR武蔵野線吉川駅下車。吉川美南駅方面に5分ほど歩くと二郷半領用水路。

地域の歴史を記した看板

尺ブナ2尾。1尾はでっぷりと太り、もう1尾はスマートな体型

秋に釣行した時のようすと釣れたマブナ

水路を見て驚いた。澄んだ流れには8寸サイズから尺ブナまでたくさんの大型マブナが泳いでいる。武蔵野線上流の水門周辺は特に溜まっていた。大型のコイに混じって尺ブナが群れているのだ。

木売《きうり》堰周辺と武蔵野線下流の二郷半領用水緑道を1時間釣り、27〜38㎝のマブナ10尾。そのうち9尾が尺ブナだった。

最後に、二郷半領用水路では必ずフェンス越し、ガードレール越しに釣りをして、水路内には絶対に立ち入らないように気を付けていただきたい。

●埼玉県東部漁業組合（TEL048・985・1099）。遊漁料日釣り券500円。

千葉県松戸市

横六間川

マブナ

おすすめシーズン
3～4月

月	
1月	
2月	
3月	●
4月	●
5月	
6月	
7月	
8月	
9月	
10月	
11月	
12月	

ゲストフィッシュ
クチボソ、コイ、モロコ

尺ブナ率高し！　川底の起伏をていねいに探る

　千葉県松戸市主水新田を流れる横六間《よころっけん》川は、１km弱の短い流程ながら、古くからマブナ釣り場として地元の人に親しまれてきた。現在もそれは変わることなく、好ポイントには釣り人の姿がよく見られる。

　横六間川で入釣出来る区間は、神明堀の合流点から松戸馬橋高校の前あたりまで。松戸馬橋高校の前には花壇が設置されており、土手に出る際は花壇を避けて歩くように注意してほしい。

　ポイントは神明堀合流から六間川が交わるあたりまでの間がよい。特に、六間川が合流するT字路周辺はマブナが多く、釣り人が絶えない。水深は40～50㎝で川底に起伏がある。対岸のヘチから手前ヘチまで、ていねいに探ることがマブナに出会えるコツである。

　探り釣りがベストなので、仕掛けは4・5ｍの渓流ザオにミチイト1・2号をサオいっぱいに取り、ささめ針流線シモリストッパーアソート（ナツメ型シモリキ）1号を5個通す。オモリバランスはガン玉2～3号で遅ジモリバランスに整える。上バリ下バリの2本バリで、ハリスは0・6～0・8号10～13㎝。エサはキヂ（ミミズ）もしくは赤虫。

六間川との合流点あたり

六間川との合流点ポイント近景。右側からの流れが六間川

釣行記録

　2024年3月20日に釣行した。気温16℃と肌寒い日で昼過ぎから雨が降る予報だった。10時に到着すると、六間川が合流するT字ポイントに先行者がいた。そこで神明堀合流点から釣り始めたが1時間探ってもアタリなし。T字ポイントの釣り人が帰り支度を始めたので挨拶をして様子を聞くと、釣れたのはコイのみとのこと。帰られた後で周辺を探ってみたがアタリなし。

　私もあきらめて帰ろうかと思ったが、

現地へのアクセス

車　常磐道流山ICで降り、県道5号流山街道を松戸方面に走り、主水新田交差点を左折して松戸馬橋高校を目差す。駐車スペースは少ないので注意。

電車　JR常磐線馬橋駅下車。松戸行バスで旭町下車。

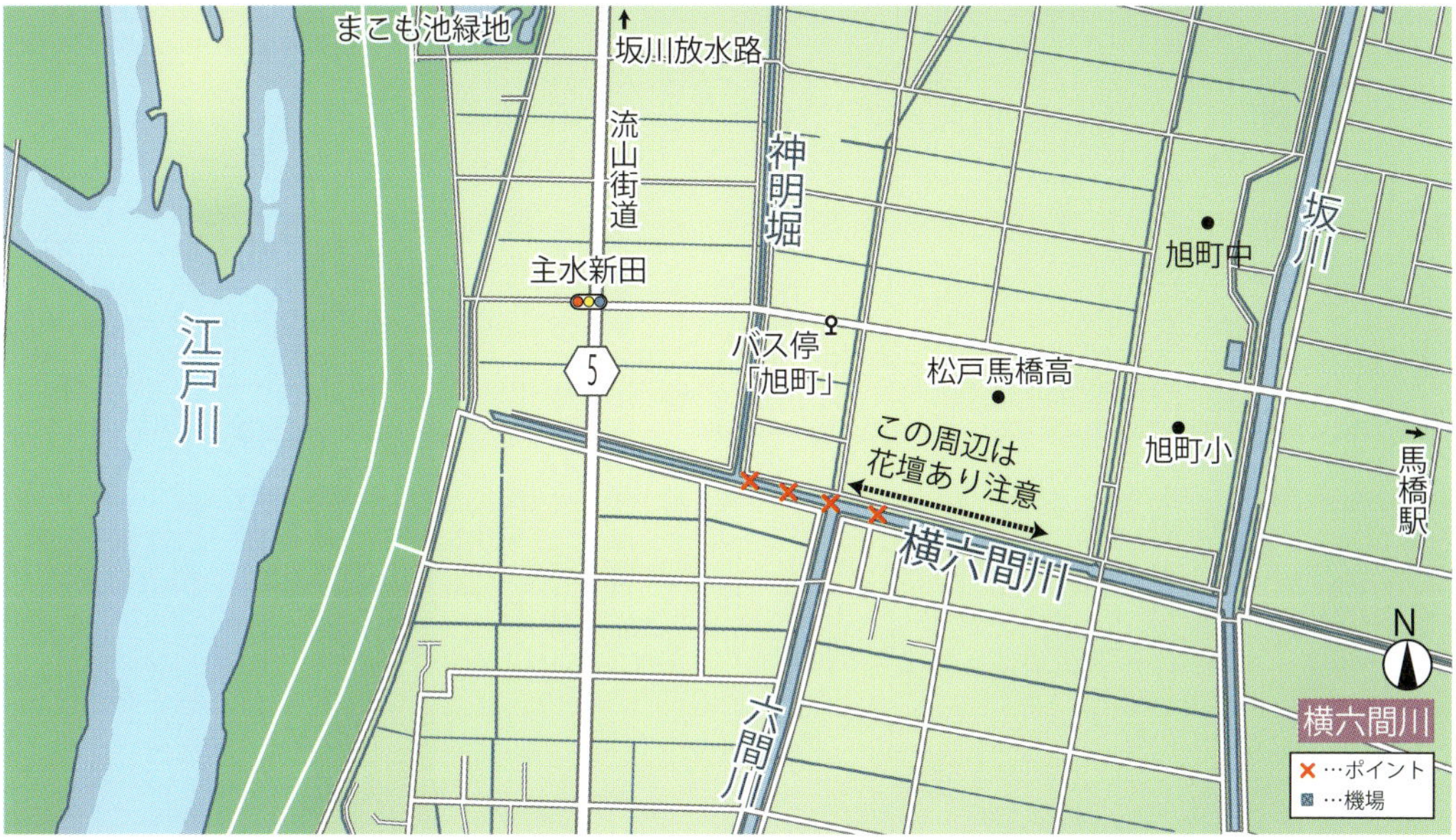

大型を掛けて取り込んだ！

右手から神明掘が合流する

六間川合流点あたりから江戸川方向に横六間川の流れを見る

見事な尺ブナでした

それまで何もなかった川のあちらこちらで土煙が上がり出した。こういう釣り場の変化は見逃してはいけない。キヂで食わないなら赤虫でどうかとエサを変えたところ、シモリウキ1つが浮いてくる食い上げアタリが出た。すかさず合わせると上がってきたのは36・5㎝の尺ブナだった。後から合流した従妹も34㎝の尺ブナを釣りあげた。

釣れれば尺ブナの可能性大の貴重なマブナ釣り場は、3～4月がねらい時である。また、桜のシーズンには松戸馬橋高校の前は満開の桜で色づくので一見の価値あり。

神明堀と同様、機場の稼働の影響か水量の増減が激しく、水が引かれると一気に減水してしまう点が難点だが、水はまた増えて来る。

埼玉県八潮市

八条用水

マブナ

おすすめシーズン 4～6月

1月
2月
3月
4月
5月
6月
7月
8月
9月
10月
11月
12月

ゲストフィッシュ
コイ、ブラックバス、ブルーギル

あちこちに生える藻の切れ目をねらって尺ブナにアプローチ

現地へのアクセス

電車 東武スカイツリーライン獨協大学前駅東口より八潮団地行東武バスで福祉センター前下車。すぐ近くに八条親水公園がある。

埼玉県草加市と八潮市の境を流れる八条用水は、越谷市の葛西用水（逆川）から取水して八条用水周辺の田んぼに水を送る用水路である。春、4月下旬になると水が入る。両岸フェンス張りの三面コンクリートの水路だが、生息する魚は多い。最近ではブラックバスやスモールマウスバス、ブルーギルといった外来種が増え、ルアーの人が訪れている。

八条親水公園周辺はマブナの魚影も多く、しかも尺ブナがねらえる。八条親水公園から下流の布袋《ほてい》橋辺りまで、フェンス越しの釣りになるが、八条用水の周りには地元の人々が草花を植えているので絶対に踏まないように。空いているスペースで釣りをしてほしい。

釣期は5月から6月がよい。

八条用水には藻があちらこちらに生え、藻の中にマブナがいるケースが多い。したがって藻の切れ目をねらう。またマブナを目視出来ることもあるので、見えるマブナをねらい撃ちにするのもよい。

寿老橋上流

八条親水公園内の流れ。流れに藻が見られる

ブラックバスやスモールマウスバスは水面近くを泳いでいるので、いる場所は敬遠したほうが無難だ（尾ビレが黒く見える）。それでも外来種はけっこう釣れてしまうので、何も釣れないよりは面白いくらいに構えていたほうがよいだろう。

仕掛けは3・6～3・9mの渓流ザオに、遅ジモリバランスに調節した2本バリシモリ仕掛け。エサはキヂ（ミミズ）もしくは赤虫。

釣行記録

2023年6月25日、布袋橋から寿老《じゅろう》

布袋橋周辺

尺ブナ

橋上流までを夕方2時間探った。ブラックバス、スモールマウスバス、ブルーギルの猛攻に悩まされながらも34㎝の尺ブナを2尾キャッチ。もう1尾は藻に潜られてバレてしまった。尺ブナが掛かった時は少し強引にやり取りして、藻に逃げ込まれないようにしないと取れない。

　昔の小ブナ釣り場は現在尺ブナ釣り場。2・4～3m柄の玉網も忘れずに。

●埼玉県東部漁業協同組合（℡048・985・1099）。遊漁料日釣り券500円。

スモールマウスバスらしき魚

ブルーギルは非常に多い

ブラックバス（ラージマウス）

群馬県邑楽郡

群馬の水郷公園

マブナ

おすすめシーズン　4月上旬～6月上旬

1月
2月
3月
4月
5月
6月
7月
8月
9月
10月
11月
12月

ゲストフィッシュ
クチボソ、コイ、モロコほか多数（本文参照）

10目もイケる!?　ジャミの合間に尺ブナがガツン！

群馬県邑楽《おうら》郡板倉町にある群馬の水郷公園には大小2つの池がある。奥の大きな池はヘラブナ釣り場。手前の小さな池が、キヂや赤虫など虫エサが使える釣り場だ。ルアー釣りやリール使用の吸い込み釣りは禁止されている。

駐車場の出入り口に邑楽漁業協同組合の遊漁券売場があり、情報等を教えてもらえるので参考にするとよいだろう。池にはマブナ、ヘラブナ、コイ、ナマズ、ニゴイ、ワタカ、ブラックバス、ブルーギル、クチボソ、モロコなど、非常に多くの魚種が生息する。

釣りは周年可能だが、なかでも春のマブナ釣りがよい。桜が咲く4月上旬から6月上旬がおすすめ。特に水が温むゴールデンウイーク以降は、ジャミ混じりでたくさんアタリがあるから面白い。多くはクチボソ・モロコのアタリだが、時折ガツンッと尺ブナがヒットしたり、40㎝を超えるブラックバスであったり、ニゴイやワタカが引きを楽しませてくれたりと、賑やかで楽しい釣り場である。

釣り場風景。足場もよくのんびりと楽しめる。池全体がポイントといっていい

ポイントは池全域といってもよいが、特に谷田川につながるパイプ周り、道路の反対側の小さな池とつながる水路は誰でもサオをだしたくなるし、実際に好ポイントである。そして沖より岸寄りを重点的にねらうほうが釣果が上がるはず。

タックルは、3・6mの渓流ザオに遅ジモリバランスのシモリ仕掛けをセットし、エサはキヂ。ハリは袖5号ハリス0・8号10～13㎝で上バリと下バリの2本バリにする。

水深は1m前後あり、尺ブナが掛かると引きが非常に面白い。

現地へのアクセス

車　東北道・館林ICを降りR354 Rを右折して直進。水郷公園入口交差点を右折すると目的地。

谷田川の風物詩、揚舟

ジャミのアタリと遊びながら釣っていると、突然サオを大きく絞り込む相手が現われた。取り込んでみると……

尺ブナでした

釣行記録

2023年5月21日、遊漁券を購入して情報を聞くと、谷田川につながるパイプ周辺がいいよと教えてくれた。ここに仕掛けを入れると一発で32㎝の尺ブナがきた。次に、パイプの対岸に移動してさらに32㎝を追加。ジャミはうるさいくらいにアタリがあった。

谷田川では5、6、9、10月の土日祝日に「揚舟谷田川めぐり」の遊覧船がある。また、2024年は秋に釣行したが、秋も賑やかな釣りを味わうことができたことを付け加えておこう。

●邑楽漁業協同組合（TEL０２７６・８２・６１３７）。遊漁料日釣り券５００円。

栃木県佐野市

越名排水路

マブナ

5月連休後からが本番、主役は中ブナ

おすすめシーズン
5月中旬～6月上旬

1月
2月
3月
4月
5月
6月
7月
8月
9月
10月
11月
12月

ゲストフィッシュ
クチボソ、コイ、ブラックバス、モロコ

現地へのアクセス

車 東北道・佐野藤岡ICを降り、R50佐野バイパスを足利方面へ。途中で側道に入り高萩交差点を左折して県道9号を直進すると新越名橋。

栃木県佐野市越名町を流れる越名排水路は、春ブナの後半戦釣り場の1つ。ここではゴールデンウイークが終わったころからが楽しい釣りができる。

尺ブナがたくさん釣れるわけではないが、中ブナがよく釣れて、昔の乗っ込みを彷彿とさせる価値ある釣り場だ。

好ポイントは県道9号が架かる新越名橋周辺に多い。越名排水路は両岸を雑草で覆われている場所が多い中、新越名橋上下には入釣出来るスペースがあちらこちらにある。ここは地元の釣り人のほか、ブラックバスねらいのバサーも多く、釣り人の姿が絶えない。

越名排水路は幅10mほどで、ヘチ寄りがポイント。ほかには、排水路に生えたアシ周り、土管、新越名橋の下などがポイントだ。

新越名橋上流側

仕掛けは3・6～4・5mの渓流ザオに、遅ジモリバランスに整えた2本バリ（袖5号ハリス0・8号10～13㎝）のシモリ仕掛け。エサはキヂがよい。小さなキヂはハリに2～3尾付けてマブナにアピールしよう。

手前へチやアシの周りに仕掛けを投入して、ていねいに探る。食い気のあるマブナがいれば、すぐにウキを引き込むアタリや食い上げアタリが出るはずだ。釣れるマブナのサイズは15～20㎝が多いが、コイも掛かるので玉網は必要だ。

釣行記録

2023年5月21日。午後3時から2時間、新越名橋周辺を探り歩いた。手前ヘチのポイントをねらい撃ちしていく。思いどおりにウキにアタリが出て、短時

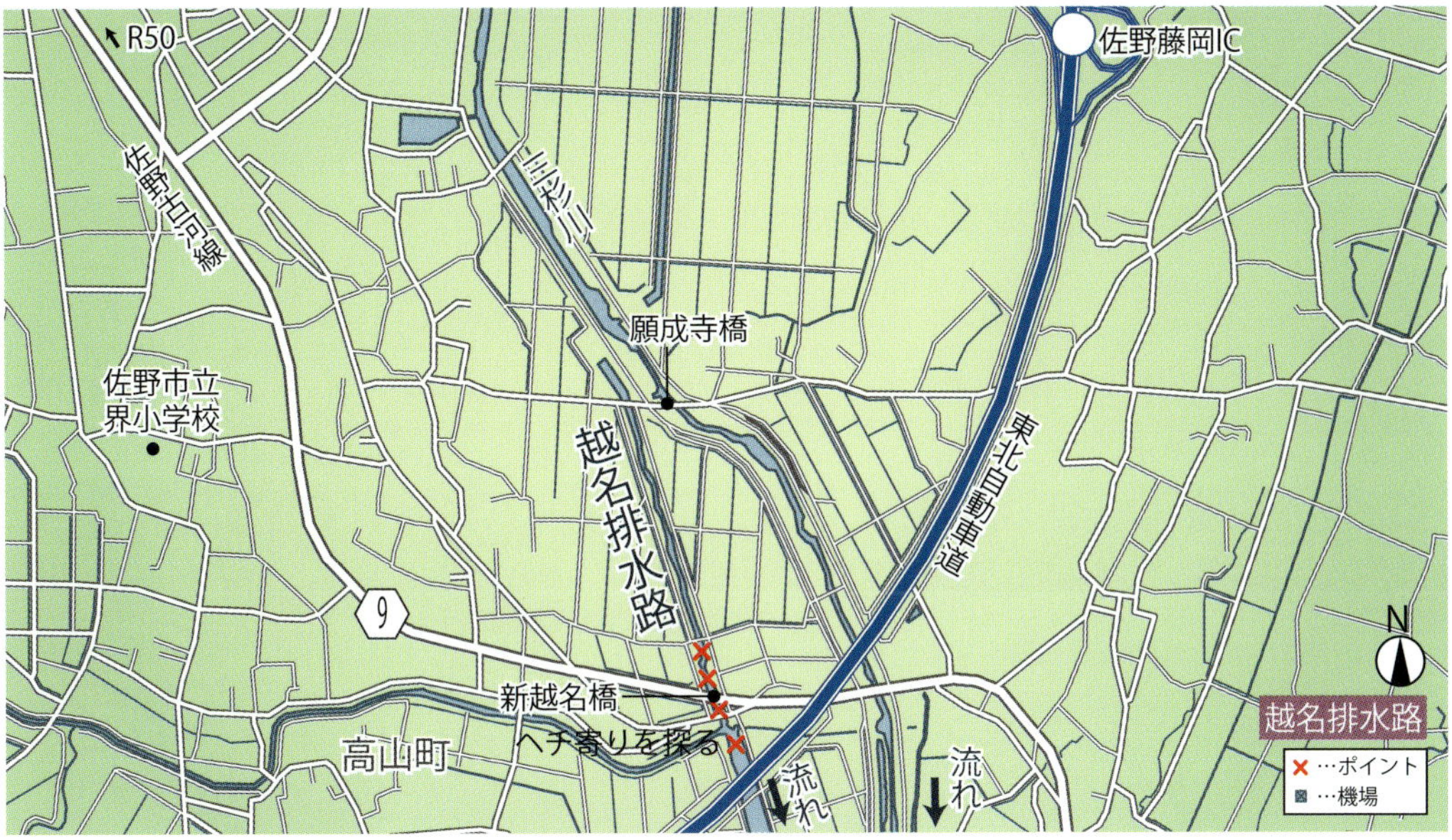

手前のアシ際がポイント

土管周りも好ポイント

中ブナがきた

新越名橋のすぐ下の小さな橋から下流を望む。
奥の赤い橋は東北道

新越名橋の下ではこのサイズが揃った

間の割に非常に面白い釣りができた。特に、先行者が練りエサで釣っていたポイントが空いたのでその後を釣ると入れ掛かりとなった。また、それまで型を見ていなかった従妹にポイントを譲ると、従妹にも立て続けに10尾近いマブナがヒットした。

春は尺ブナと出会いたい季節ではあるが、こうした中ブナの数釣りも楽しいものだ。数が釣れるって楽しいことだと、改めて感じさせてくれた越名排水路であった。

最後に、佐野を訪れる際にはぜひ佐野ラーメンをおすすめしたい。有名店や名店は行列必死であるが、並んでも食べる価値は充分にあります。ご賞味あれ。

●渡良瀬漁業協同組合（TEL0284・91・2361）。遊漁料雑魚日釣り券1000円、現場売1400円。

Column 1

予感？ 直感？ 第六感？

2024年春のマブナ釣りは直感が何度も大当たり

「今日はどこへ釣りに行こうかな」という時、僕は、「自分が行きたい釣り場」を最優先に釣行しています。その釣り場が釣れているかいないかは、分からなくてもいいのです。白紙の状態で釣りをしてみて、自分の判断が正しいのか間違っていたかを楽しんでいます（もちろん、釣れるはずだと思って釣行します）。

このような釣行をしていると、ときどき、予感めいたものを感じることがあります。「○○の釣り場へ行くとよい」といった感じで、頭の中に降りてくるのです。外れることもありますから、予感でも第六感でもなく直感なのかもしれません。この直感が、当たる時は当たるんです。

2024年の春のマブナ釣りでは直感が冴《さ》えわたりました。たとえば、備前川上流部で楽しんだ後、余郷干拓へ行くつもりで従妹に車を走らせてもらいその途中、木原のコンビニエンスストアに立ち寄った時、「木原の砂利処理場前がいい」と降りてきました。そういえばしばらく木原の砂利処理場前にも来ていなかったなと行ってみたところ、これが大正解。誰もいない釣り場を従妹と2人で堪能し、入れ食いとまではいかないけれど尺ブナが次々と釣れて楽しい釣りでした。

この日はこれで終わりではなく、「次は長浜のホソだ」と二度目の直感が。長浜のホソでは短時間しか釣りができませんでしたが、それでも尺ブナを含む良型が釣れて大満足な一日になったのです。

この直感が何度も当たったおかげで、2024年の春ブナ釣りは総じてよく釣れ、よい釣りができました。

しかし、欲を出すと途端に外れます。釣りたい！釣らなきゃ！と思ったら確実に外れます。そんなわけで、毎回釣行前に降りてきてくれるとよいのですが、そう上手くはいきませんよね（笑）。

夏の釣り場めぐり ⑰

季節が変わればターゲットの顔ぶれも
変わるのが小もの釣りの楽しさの１つ。
夏はテナガエビ、ハゼ、そしてヤマベの
“三役”が登場。
テナガエビとハゼは食べる楽しみも！

与田浦川

テナガエビ、オオタナゴ

おすすめシーズン　5月下旬～7月上旬

月	
1月	
2月	
3月	
4月	
5月	●
6月	●
7月	
8月	
9月	
10月	
11月	
12月	

ゲストフィッシュ
クチボソ、ヌマチチブ、ブルーギル、モロコ

広大な水域でのんびり棒杭周りねらい、ゲストも多彩

西部与田浦と東部与田浦を結ぶ与田浦川（与田浦水道）は、およそ7㎞続く広大な釣り場である。混雑することもなく、自分の好きな場所でのびのびと釣りが楽しめる。

〝釣り鉄〟ならばJR鹿島線の十二橋駅から徒歩で行けるし、マイカー派も広い釣り場のどこへでも移動できる。ただし、農道は狭いので駐車場所には注意をしてほしい。ガードレールがある場所は特に狭いので気を付けて（右岸側が比較的停めやすい）。

ブラックバス目的のバサーが多いが、小もの釣りファンの目当てはテナガエビやオオタナゴだ。与田浦川には岸寄りに棒杭が並んでおり、その周辺をねらうとよい。

テナガエビは2m前後の小ものザオを2～3本並べてアタリを探そう。玉ウキ仕掛け、シモリ仕掛け、十字テンビン仕掛けのどれでもOKだ。ただ、根掛かりが多いので予備のハリは多めに持参したい。ハリはエビバリ2～3号を使用する。

右岸の風景。棒杭周りをねらうとよい

オオタナゴねらいには3～3・6mの渓流ザオもしくは小ものザオに、ハエウキを使用した立ちウキ仕掛けがよい。ねらうタナは底スレスレに調節する。ハリは袖2～3号。テナガエビ、オオタナゴともにエサには赤虫を使用する。

釣行記録

2023年6月4日、午後3時から1時間半、西部与田浦寄りの右岸でテナガエビをねらった。ポイントは棒杭がある辺りでいかにも釣れそうだ。

始めてすぐにテナガエビは釣れた。ほかにもブルーギル、クチボソ、モロコ、オオタナゴとウキがよく動き賑やかだ。テナガエビは1時間半で12尾。大型も

現地へのアクセス

車 東関道・大栄ICを降りR51を香取方面。水郷大橋を渡り1つめ信号・水郷大橋北を右折・右折で県道101号に入る。約2.5km先の信号を左折して3kmほど進むと与田浦橋。ここから下流が与田浦川。

電車 JR鹿島線十二橋駅下車。

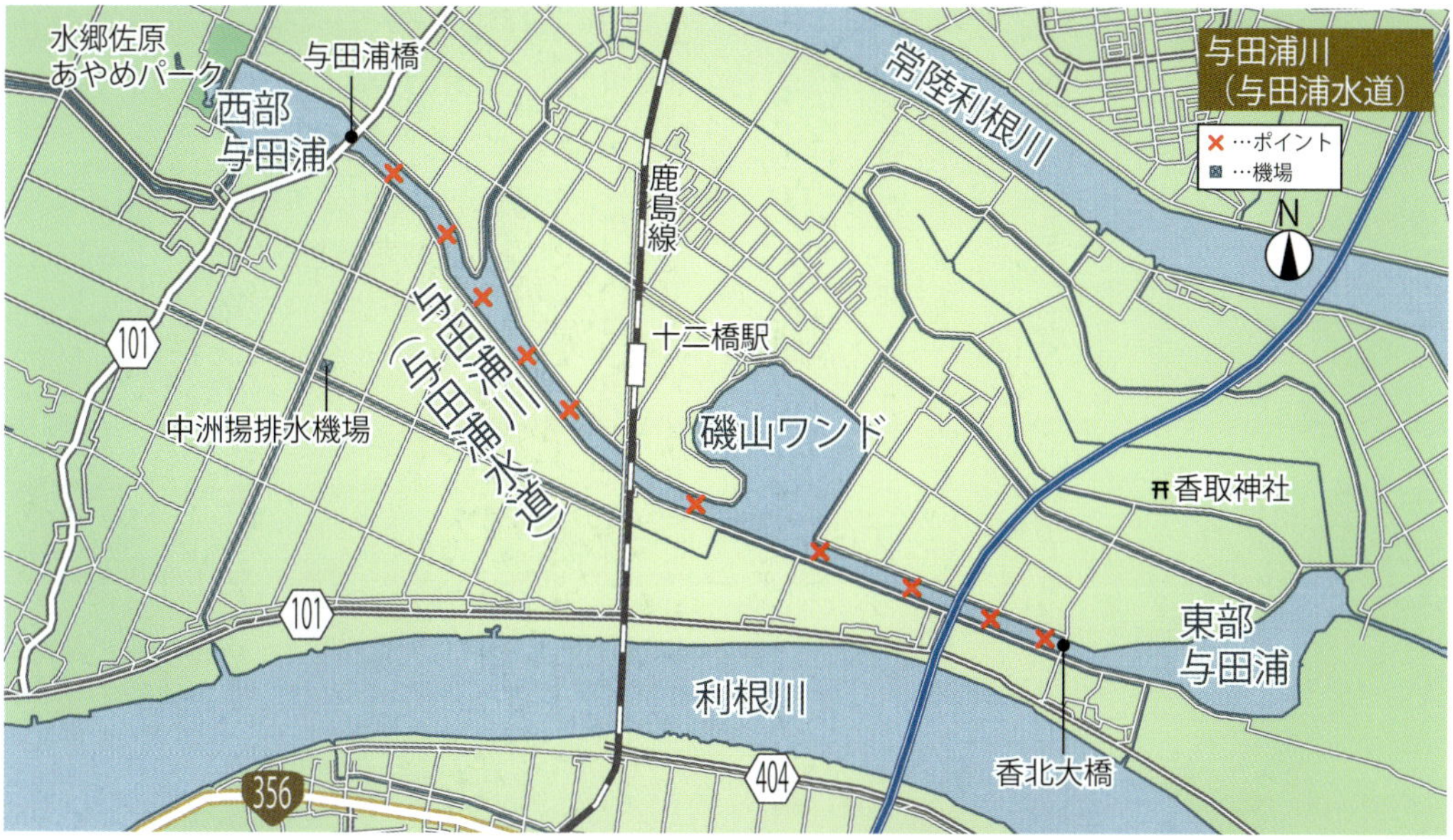

観光船も通る

まずまずのサイズのテナガエビと１時間半の釣果

クチボソ

オオタナゴ

ブルーギルも多い。ゲストが豊富で
ウキの動きもにぎやか

ヌマチチブ

混じり、短時間ながら楽しい釣りを満喫した。
　今回はすぐ釣れるポイントに当たったが、アタリが遠い時は躊躇《ちゅうちょ》せず移動してアタリがあるポイントを探すこと。広大な与田浦川でのんびりとテナガエビ、オオタナゴ釣りを楽しんでほしい。

茨城県稲敷郡

生板鍋子新田のホソ

マブナ

30℃超えの猛暑日でも元気なホソのマブナたち

おすすめシーズン
5月中旬～7月上旬

月	
1月	
2月	
3月	
4月	
5月	● (後半)
6月	●
7月	● (前半)
8月	
9月	
10月	
11月	
12月	

ゲストフィッシュ
アメリカナマズ、クチボソ、コイ、ブルーギル、モロコ（ほか、ミシシッピーアカミミガメ）

茨城県稲敷郡河内町周辺には広大な田んぼが広がっていて、水路やホソが点在する。しかし、霞ヶ浦へ行く時に「よさそうな水路があるな～」と思いながらも通り過ぎてしまうエリアであった。

釣行記録

2024年夏、釣友の金森健太郎さんと霞ヶ浦へテナガエビ釣りに行く途中、彼が「ここを通る度にいつもよさそうな水路があるなと思っていたんですけど、今度探索してみませんか？」と提案してきたので、それをきっかけに7月7日釣行した。

気温34℃の真夏のマブナ釣り！ 数ヵ所目星をつけておいた中でとりわけ好釣果だったのが、生板鍋子新田《まないたなべこしんでん》のホソだ。源清田《げんせいだ》方面からのホソが合流して利根川方面に向かって十角落しに流れ込む。マブナが多い十角落しとつながっているので、魚影は多いのは当然だ。

ホソのようす

土管＆クランクの好ポイント

源清田方面からのホソが合流する場所から釣り始めた。ホソの幅は4mほどで下流への流れがある。

2・4mのマブナザオに2本バリのシモリ仕掛けをセットして、袖5号にキヂを装餌。ホソの合流点は反転流が出来ていて、いかにも釣れそうだったがアタリなし。そこで手前ヘチを流れに乗せて仕掛けを流すとすぐにアタリが出て20㎝級が釣れた。手前ヘチでアタリが出なくなると中沖を流し、その次に対岸を流す要領で手前ヘチから対岸まで広く流すと効果的だった。

この日の生板鍋子新田のホソのように、流れがある釣り場では、ウキの浮力がオモリに勝るトップバランスの仕掛けを使って流れに乗せたほうがよくアタリが出る。仕掛けを流すことによって自然と誘いをかけていることになり、その

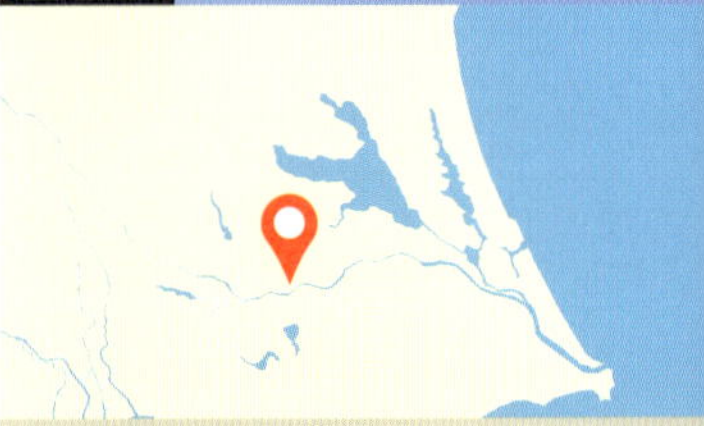

現地へのアクセス

車 常磐道・柏ICを降りR16を千葉方面。呼塚交差点を左折してR6を進み、利根川に架かる大利根橋の手前から県道170号利根水郷ラインに入る。栄橋南詰交差点を左折して利根川に架かる栄橋を渡り、栄橋交差点を右折して県道11号（取手東線）を進む。河内町役場付近で利根川方面に入り生板鍋子新田へ。周辺は駐車スペースが少ないので農家の方々に迷惑がかからないように細心の注意をしていただきたい。

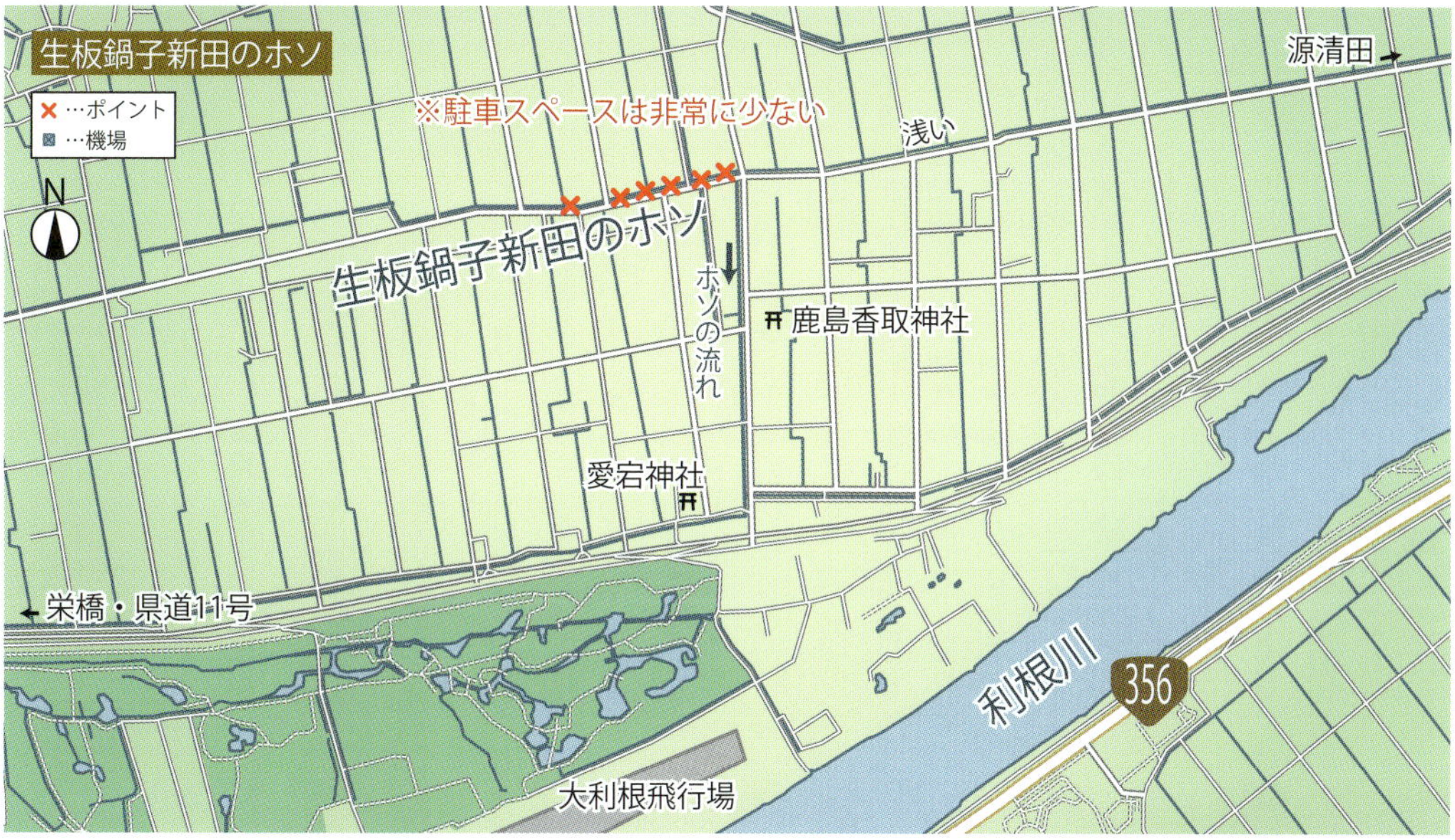

同行の金森さんが中ブナを掛けた

利根川方面に向かう流れを望む

僕にも中ブナが来た

猛暑の中、泣き尺が出た

結果、魚のエサへの食い付きがよくなるのだ。

7月7日の釣りは猛暑のため1時間が限界であった。それでも15～28㎝のマブナが8尾。コイやミシシッピーアカミミガメ、ブルーギルとジャミのアタリもたくさんあり楽しい釣りであった。

今回は夏ブナ釣りで紹介したが、5月中旬以降の春ブナ釣りでも充分に楽しめるはずだ。

千葉県印西市

利根川・木下

テナガエビ

シーズン初期から人気。人の少ない場所にも好ポイントあり

おすすめシーズン
4月下旬～7月下旬

1月
2月
3月
4月
5月
6月
7月
8月
9月
10月
11月
12月

ゲストフィッシュ
ダボハゼ、ヘラブナ、マブナ

現地へのアクセス

電車 JR成田線木下駅下車。北口に出て利根川方面へ徒歩10～15分。

利根川のテナガエビポイントといえば、JR成田線木下《きおろし》駅近く、手賀川の吐き出し口周辺が最も知られている。ゴールデンウイーク頃になると、早くもテナガエビファンで賑わいをみせる。

手賀川の吐き出し口両サイドにはテトラ帯が広がっていて、特に吐き出し口の下流側が人気である。釣り人がずらりと並ぶことも珍しくはない。上流側は釣れないのかというと、上流側でももちろん釣れるし釣り場は広い。

釣り場の広いテトラ帯は、ポイントによって釣れる・釣れないがある。2～3本サオを並べてテナガエビが通る道を探しだすことが先決だ。上手く見つけ出せればアタリはすぐに出るだろうし、次から次へと続くはず。いつまでもウキが動かない場所は望み薄なので、あちらこちらに仕掛けを入れてみて、アタリが出る場所を見つけてほしい。

手賀川の吐き出し口。上下流ともポイントが広がる

利根川のテナガエビはサイズが小さいのが残念である。木下周辺もやはり小型中心。でも、食べるのには小型のほうが美味しいと思うのは僕だけだろうか。

仕掛けは1・5～2・4mの小もののザオに玉ウキ仕掛けもしくはシモリ仕掛けを使用する。ウキの浮力よりもオモリが勝るように調節することも忘れずに。ハリはタナゴバリの流線や袖1～2号。エサは赤虫。

釣行記録

2023年5月5日。午後1時間だけ手賀川の吐き出し口上流側を釣った。釣り始めからアタリは頻繁にあり、小型ばかりであったが10尾。小ブナやヘラブナ

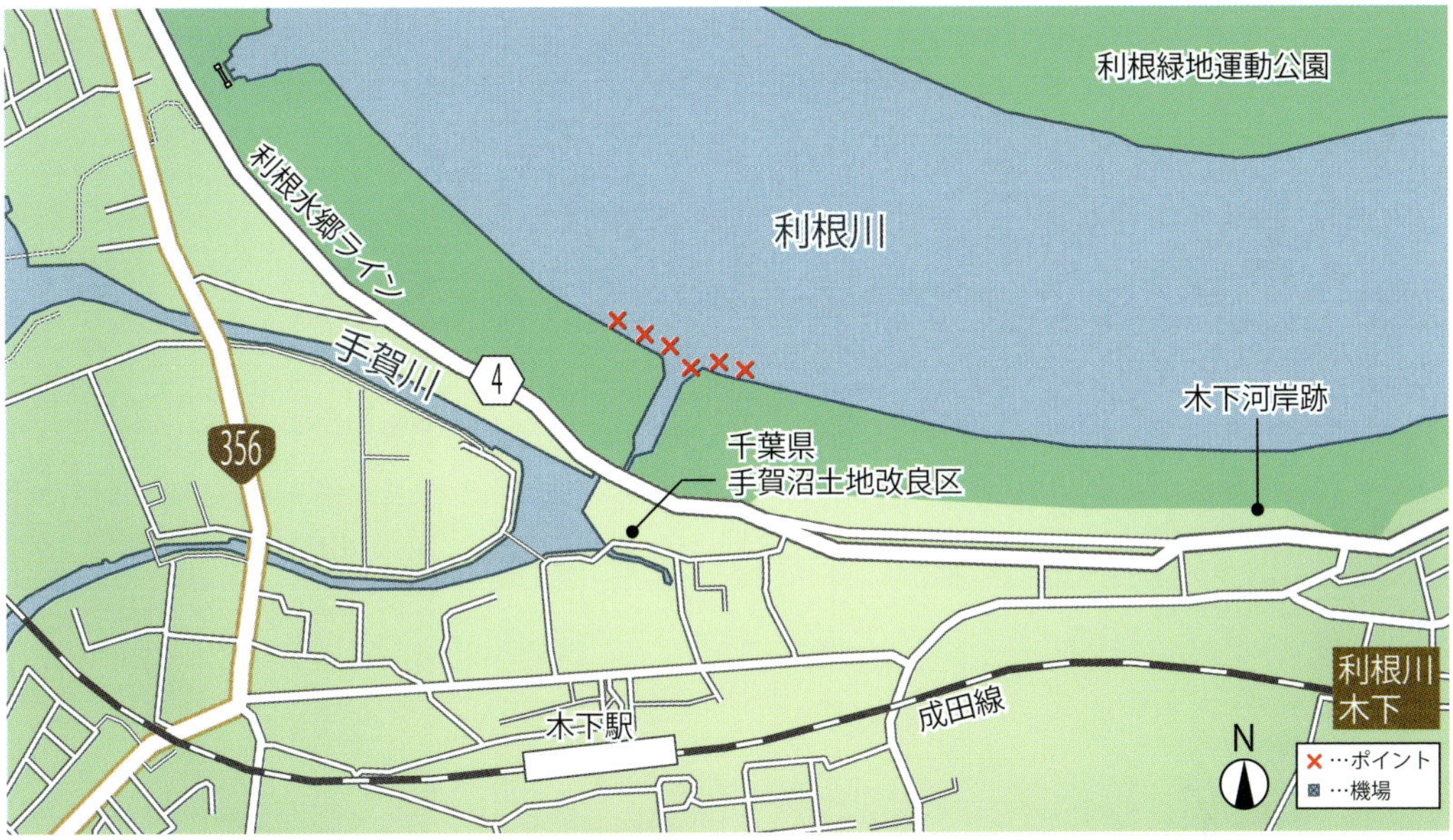

テトラ帯のさまざまな変化をテンポよく探っていきたい

強い引きの主はなんと尺ブナ

これでも少し良型!?

小ブナも食ってきた

テナガエビはこのサイズが多い

なども食ってきて賑やかな釣りだった。

利根川・木下は人気釣り場だけあってテナガエビの魚影が多く、期待を裏切らない釣り場といえよう。

千葉県市原市

白旗川

ハゼ

おすすめシーズン　7~9月

1月
2月
3月
4月
5月
6月
7月
8月
9月
10月
11月
12月

ゲストフィッシュ
ダボハゼ、チンチン（クロダイの幼魚）

1kmのハゼ濃密区間をノベザオのミャク釣りで攻略

千葉県市原市君塚~白金町を流れる白旗川は流程わずか1kmほどであるが、ハゼの魚影は非常に多い。どこにでもハゼがびっしりといるのではないかと思わせるほどよく釣れる。

とりわけ、白旗公園から少し上流にある白金橋までの間は一押しのポイントだ。ここは白旗川右岸の道路からガードレール越しの釣りになる。潮の干満の影響を受けるので上げ5分から下げ5分くらいがよく、満潮時であれば短いサオで手前へチを釣れるので手返しよく数も伸びる。

釣り方はミャク釣りがよい。サオは渓流ザオもしくはハゼザオ2・4~3・6mにミチイト・フロロカーボン1・2号を

白旗公園前の流れ

サオいっぱいに取り、中通しオモリ0・5号を通して自動ハリス止を結ぶ。ハリはオーナーハゼライト5号ハリス5cm。ミチイトには渓流用の化繊目印を5~6個結んでおくと便利だ。エサはアオイソメ。

白旗川のハゼ釣りは7~9月がおすすめで、この時期のハゼはエサに飛びついてくると思ってよい。サイズもまだ小さいものが多いので、小バリ短ハリス、エサ付けも小さくが基本となる。

ハゼの魚影が非常に多いので、アタリはすぐに出るものと認識しておこう。オモリ着底から5秒でコンッやコツッとアタリが出なければ、空アワセして仕掛けを振り込み直そう。アタリを手元に感じなくてもエサを食っているケースがかなりあるので、必ず空アワセすること。

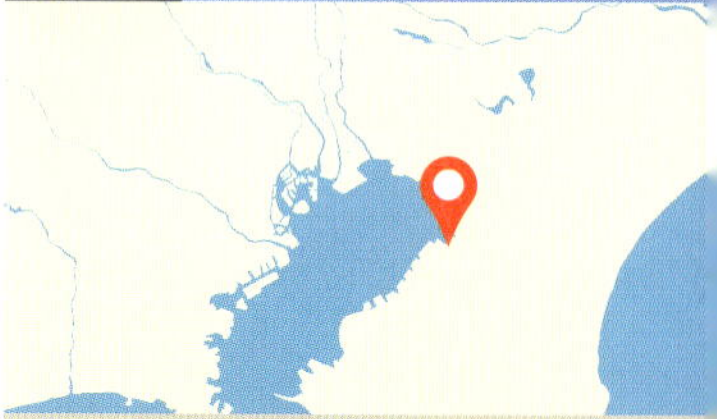

現地へのアクセス

車 京葉道・蘇我ICを降りてR16を進み、村田町交差点を左折して木更津方面へ。3kmほど走ると左側にエネオスのガソリンスタンドがあるのでこの信号を左折してすぐに右折すると白旗公園に出る。

電車 JR内房線五井駅下車。西口に出て吹上通りを直進。県道24号を右折して1.5kmほど歩くと白旗川に架かる白金橋。

1時間の釣果

白旗公園の少し上流側

なかなかのサイズ

釣行記録

2023年は二度釣行した。8月20日、35℃を超える猛暑日だったが、午前9〜10時過ぎまでの1時間強で97尾。

9月3日は満潮からの下げ始めだったので8尺（2・4m）ザオで釣りをした。午前8時から10時までの2時間で123尾。前回よりもペースは落ちたが入れ掛かりであった。

R16から少し入ったところで人目につきにくい、知る人ぞ知る、だけどハゼがよく釣れる釣り場。白旗川を楽しんでみませんか？

千葉県市原市

八幡水路

ハゼ

おすすめシーズン
7~9月

1月
2月
3月
4月
5月
6月
7月
8月
9月
10月
11月
12月

ゲストフィッシュ
ダボハゼ、チンチン（クロダイの幼魚）

オモリ着底後3~10秒でアタリが出る高密度釣り場

毎年夏がやってくると暑くなるのは気温だけでなく、内房のハゼ釣り場も熱くなる。

千葉県市原市を流れる八幡水路ではハゼがよく釣れ、『東京近郊キラキラ釣り場案内60Part2』では、八幡運河に南側から流れ込むほうを便宜的に「金杉川」として紹介した。今回は水路の最下流に架かるR16が渡る八幡橋右岸側、ショッピングセンター・ベイシア市原八幡店横を流れるほうを紹介しよう。

釣り場は白金通りに架かる観音橋下流から上流県道24号（房総往還）辺りまでで、とりわけ観音橋周辺はハゼの魚影が非常に多い。

観音橋下流は右岸からの釣りで、川幅が広いが満潮時に手前へチねらいで面白い釣りができる。

観音橋下流

観音橋上流は川幅もグッと狭く5mほどの小さな川となり、ハゼの密度も増して短ザオで数釣りができる。

釣り方はミャク釣りがよい。3m前後（観音橋下流は3・6m）の渓流ザオもしくはハゼザオにミチイト1号をサオいっぱいに取り、中通しオモリ0・5号を通して自動ハリス止を結ぶ。ミチイトには渓流用の化繊目印を5~6個結んでおくと、目印でもアタリが取れるので便利だ。ハリはハゼライト5~6号、ハリス5㎝。エサはアオイソメをタラシが出ないように小さく装餌する。

基本的に右岸からガードレール越しに釣りをするので、通行人や車には注意をしてほしい。僕は何度もここで釣りをしているが、その度に入れ食いを楽しめるほど魚影が多い。仕掛けを投入してオモ

現地へのアクセス

電車 JR内房線八幡宿駅下車。北口に出て直進し、2つめの信号を右折して歩いて行くと観音橋に出る。徒歩10分ほど。

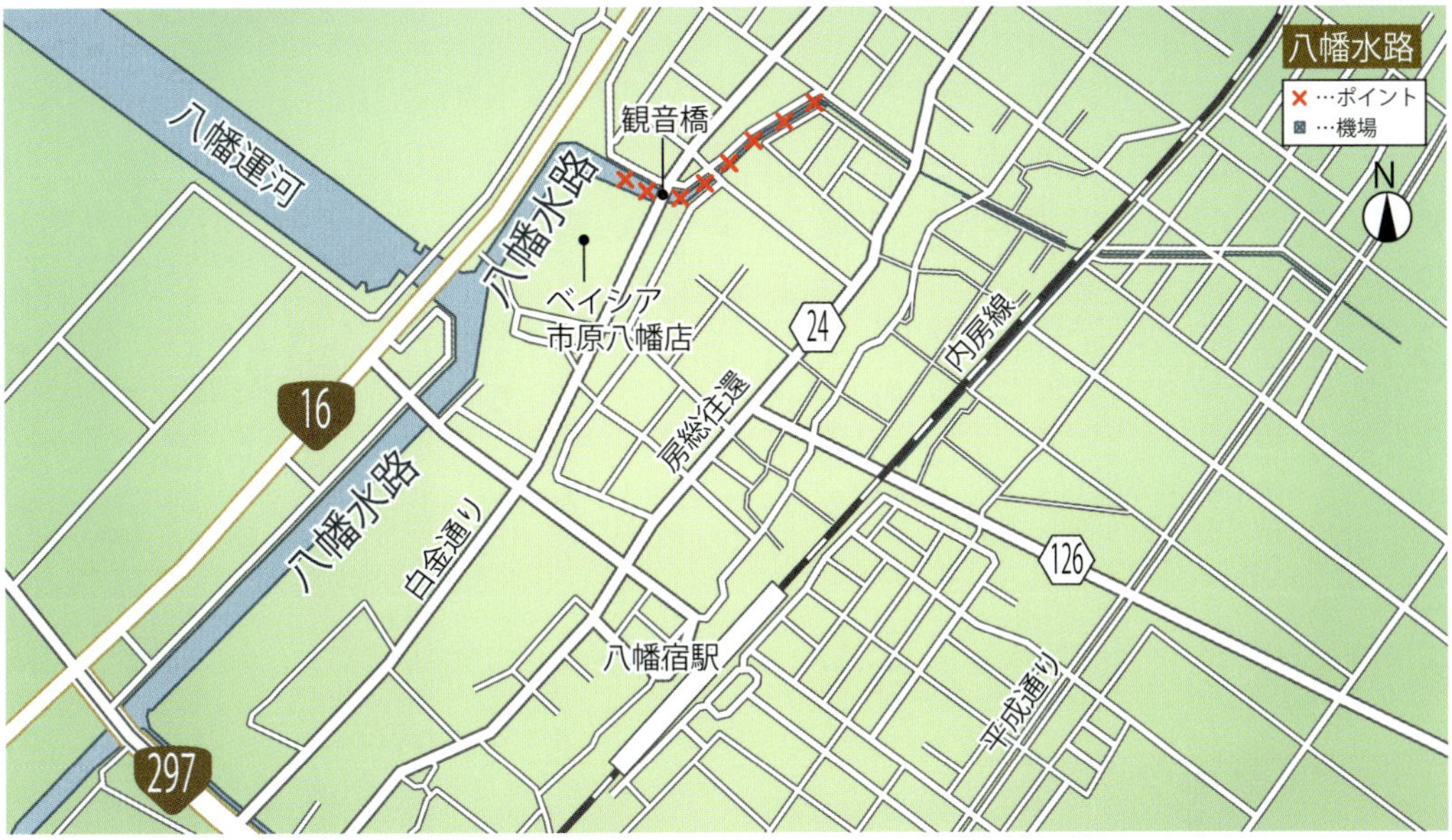

観音橋上流

観音橋下流で釣れたハゼ

リが着底したらすぐに（3〜10秒）アタリが出ると思っていてほしい。

ある程度釣れるとアタリが遠くなるので、その時は投入ポイントを少し変えるとまた入れ食いになるはずだ。

釣行記録

潮の干満の影響を受けるので満潮時をねらって釣行したい。

２０２４年7月28日の釣行では45分で46尾。２０２３年8月は2時間で１０５尾の釣果であった。

7月から9月いっぱいは楽しめるはず。そして、くれぐれも暑さ対策を忘れずに。

観音橋上流で
釣れたハゼ

ダボハゼも多い

千葉県袖ケ浦市

長浦駅前水路&蔵波川

ハゼ

おすすめシーズン 7~9月

1月
2月
3月
4月
5月
6月
7月
8月
9月
10月
11月
12月

ゲストフィッシュ
ダボハゼ

駅からすぐの流れ。ミャク釣りで時速100尾も夢じゃない!?

JR内房線長浦駅北口に降りるとロータリーの先に小さな水路がある。気をつけていないと見落としてしまいそうだが、この水路は魚影が抜群に多く、ハゼが面白いように釣れる。

長浦駅から水路を見て左側は蔵波川、右側は久保田川につながっている。久保田川方面でもハゼは釣れるが、おすすめは左側の蔵波川方面で、ちょうど袖ケ浦市臨海スポーツセンター裏辺りがよい。道路からガードレール越しの釣りとなるが、ハゼはどこにでもいる感じで入れ食いになるだろう。

反対側の久保田川方面はフェンス越しの釣りとなり、生垣の切れ目からサオをだすようになる。蔵波川側に比べるとハゼの魚影は少なく感じる。

長浦駅前水路

水路の幅は3mほどなので3・6mの渓流ザオが使いやすい。釣り方はミャク釣りが数が伸びる。ミチイト1号をサオいっぱいに取り、中通しオモリ0・5号を通し自動ハリス止を結ぶ。ミチイトには渓流用の化繊目印を5~6個結んでおくとよい。ハリはハゼライト5~6号ハリス5㎝。エサはアオイソメ。

仕掛けを振り込んですぐにコツッやコンッというアタリが出るはずだ。3~10秒待っても何もなければ空アワセをして振り込み直そう。水位の低い場所では見釣りも可能。ハゼの蹴餌行動の参考にするのもよいだろう。

釣行記録1

干潮時は水がなくなってしまうので、満潮時をねらって釣行する。

2024年7月28日の釣りでは40分で

現地へのアクセス

車 京葉道・蘇我ICを降りR16を木更津方面へ。長浦駅入口交差点を左折して長浦駅へ。駐車は周辺のコインパーキングを利用。

電車 JR内房線長浦駅下車。北口に降りると駅前水路。蔵波川は中央口に降り、木更津方面に歩くと蔵波川に出る。

ダボハゼも多い

長浦駅前水路で釣れたハゼ。
アタリはすぐに出る

長浦駅前水路・スポーツセンター前

蔵波川とテラスの
ポイント

蔵波川もハゼの
魚影が多い

75尾と終始入れ食いであった。

釣行記録2

蔵波川も非常にハゼの魚影が多いのだが、釣り座が少ないのが残念だ。JR内房線の鉄橋上流右岸にテラスがあり、2人くらいしか入れないがここでハゼ釣りが楽しめる。タックル及び釣り方は駅前水路と同様でよく、終始入れ食いになるはず。

2023年8月27日の釣行では、30分で35尾と入れ食いであった。

7～9月の長浦駅周辺のハゼ釣りは、たくさんの釣果に恵まれることだろう。

千葉県市川市

江戸川・国府台

テナガエビ

ゲストフィッシュ
ダボハゼ

おすすめシーズン
5月下旬～7月上旬

1月 / 2月 / 3月 / 4月 / 5月 / 6月 / 7月 / 8月 / 9月 / 10月 / 11月 / 12月

最盛期は老若男女多くのファンで賑わう人気スポット

東京都と千葉県の境を流れる江戸川の川筋には、テナガエビ釣りの好ポイントがたくさんある。

その中の1つ、千葉県市川市国府台《こうのだい》駅周辺は駅から近いこともあり、電車釣行派の釣り鉄にも大変便利。

特におすすめの場所は、和洋女子大学前にある消波ブロック帯だ。シーズンともなれば多くのテナガエビ目当ての釣り人で賑わう。潮の干満の影響を受けるので干潮時は消波ブロック帯の先のほうに行かなければならないが、さまざまな潮時に対応できる釣り場だと思う。

消波ブロックの間や隙間をねらい、2～3本サオを並べてテナガエビの通り道を探しだそう。上手く当てることが出来たらしめたもの。なかなか釣れない場所は早く見切りをつけて、あちらこちらに仕掛けを入れて通り道を見つけよう。釣れるポイントはウキがすぐに動く。いつまでもウキが動かない場所はダメだ。

和洋女子大前の消帯ブロック帯

タックルは2m前後の小もののザオに玉ウキもしくはシモリ仕掛け。ウキの浮力よりもオモリが勝るようにすること。エサは赤虫。

釣行記録

最近の釣行は2023年6月18日。所用で1時間ほどの短時間であったが、3本サオをだして良型主体に10尾とまずまずの釣果であった。

消波ブロックの上を移動する際は細心の注意を払い、油断して転倒、けがなどしないように気を付けていただきたい。また、消波ブロックに座っての釣りとなるため、装備もコンパクトにまとめたほうが安心だ。

気をつけながら良型テナガエビの小気味よいキックバックの引きを楽しんでください。

現地へのアクセス

電車 京成本線国府台駅下車。江戸川土手に出て上流に歩くと和洋女子大前の消波ブロックのポイントに出る。

ポイント近景

消波ブロック帯の釣り風景

まずまずの
サイズ

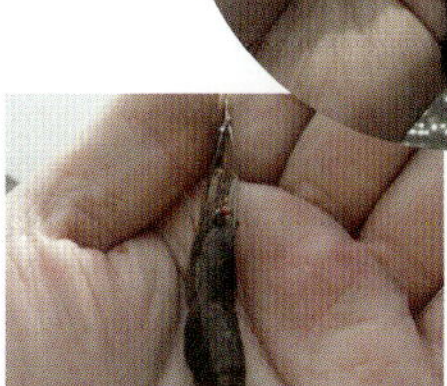
ハサミが小さいのはメス

小さなすき間ももれなく探る

消波ブロックの間をねらう

旧江戸川・東西線下流右岸

テナガエビ

おすすめシーズン
6月中旬～7月下旬

1月
2月
3月
4月
5月
6月
7月
8月
9月
10月
11月
12月

ゲストフィッシュ
ウロハゼ、ダボハゼ、マハゼ

広大なゴロタ場から「テナガ道」を探し出せ

東京都江戸川区と千葉県市川～浦安市の間を流れる旧江戸川はテナガエビのポイントが多い。東京都江戸川区東葛西・東京メトロ東西線の鉄橋下流右岸には、ゴロタ場が広がる。東西線の鉄橋からしばらくフェンスがあり、フェンスが切れるとゴロタ場が続いている。2024年夏現在、雷公園より下流は工事中で立ち入り出来ないが、それでも釣り場は充分あるし、工事が終了すればさらに釣り場が広がる。

旧江戸川はコンクリートの堤防で囲まれているが、所々に階段が設置されており、それを利用して河川敷に出られる。

ゴロタ場はすべてポイントに見える。

ゴロタ場（石護岸）が広がる釣り場風景

テナガエビはどこにいるのか、どこが通り道なのか、とにかくゴロタ石の間にどんどん仕掛けを入れて住処を探し出そう。

1・5～2・4mの小ものザオに玉ウキ仕掛けやシモリウキ仕掛けを結ぶ。十字テンビン仕掛けも有効である。ハリはエビバリ3号。エサは赤虫。

サオは最低2本出したい。長短2～3本のサオで幅広く手前からやや沖めまで探っていく。上手く通り道を見つけることが出来たら次々とアタリが続くだろう。

釣行記録

2024年6月12日に試釣した。30℃を超える真夏日で天気も快晴と悪条件であったが、開始早々にメスのテナガエビ

現地へのアクセス

電車 東京メトロ東西線葛西駅下車。環状7号（318号線）をなぎさ公園方面に行き、東葛西7丁目交差点を左折して旧江戸川方面へ。

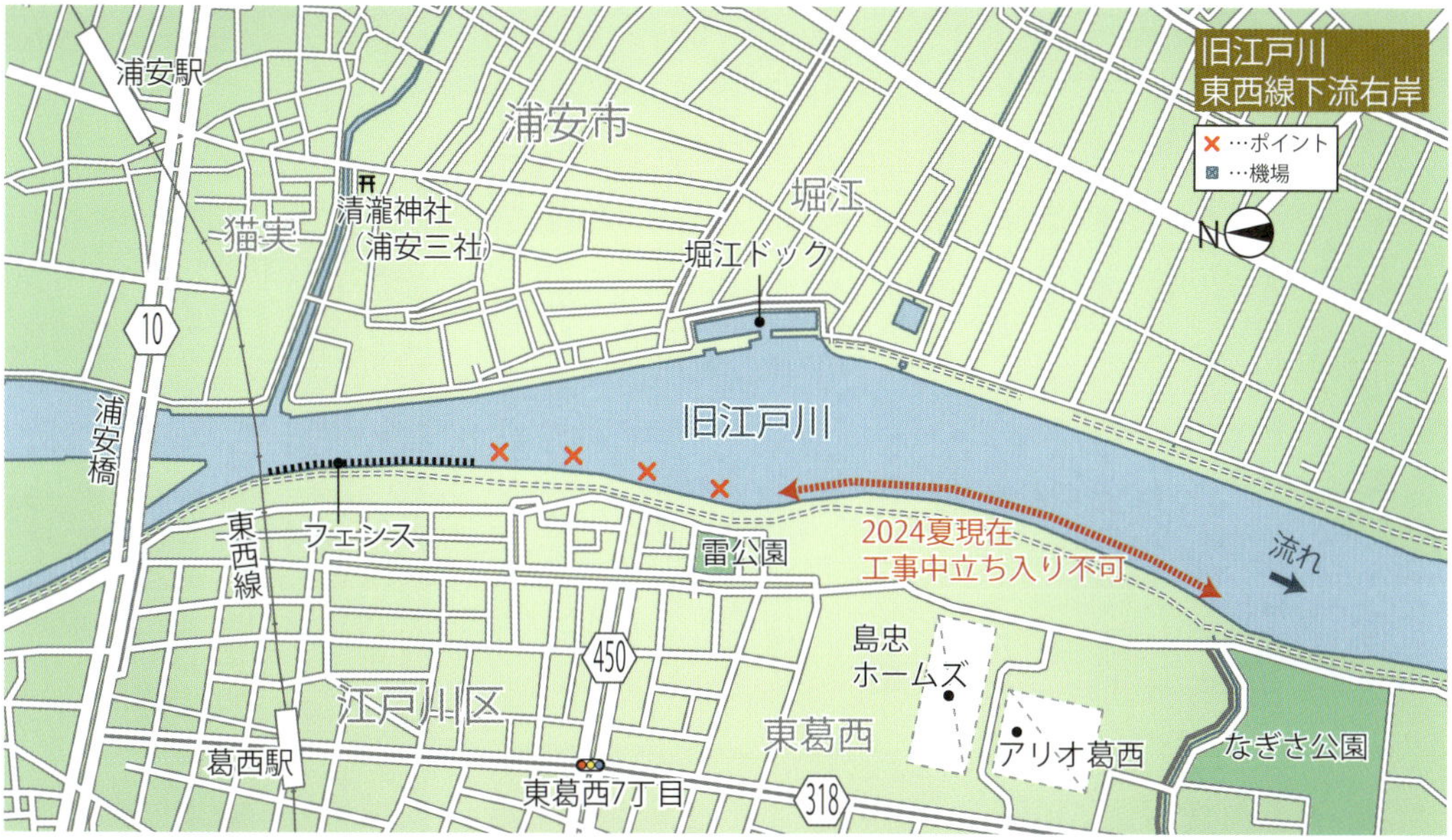

良型のオス

土手から上流方向を望む

こちらはメスの
テナガエビ

ウロハゼも出た

が釣れてきた。この日は上手く通り道を見つけ出すことが出来なかったが、こまめに移動して数を稼いだ。時折大型のテナガエビも釣れ、小気味よいキックバックの引きを楽しむことも出来た。

暑さのため2時間で終了したが、18尾を釣り、悪条件下ではまずまずかなと思う。外道にマハゼ、ウロハゼも混じった。

ポイントはたくさんあるので、旧江戸川のテナガエビ釣りを手軽に楽しんでみませんか？

左近川

ハゼ

見える八ゼは警戒心「強」、やや長めのサオで少し下がってねらう

おすすめシーズン 6月下旬～9月中旬

1月
2月
3月
4月
5月
6月
7月
8月
9月
10月
11月
12月

ゲストフィッシュ ウロハゼ、ダボハゼ

江戸川区葛西周辺を流れる左近川。旧江戸川から新左近川親水公園を通じて荒川とつながっている。

左近川は旧江戸川から新左近川親水公園までの2㎞弱、幅2mほどの水路である。左近川親水緑道として周辺が整備されていて散策を楽しむ人も多い。

旧江戸川から入ってくるハゼ釣りが楽しめる6～9月、ハゼの魚影はすごく多いわけではないのだが、サイズがでかいのが魅力である。

水深の浅い場所ではハゼの魚影を確認出来るが、左近川でのハゼ釣りは少しコツがある。本来、浅場にいる夏ハゼは見釣りが出来るくらい仕掛けを投入するとワッと寄ってくるのだが、ここでは仕掛けを投入するとサーッと散ってしまう。見えるハゼはかなり警戒心が強い。

季節の花に彩られた左近川

したがって、少しでも水深のある場所を釣るようにしよう。川幅が狭いので短いサオで釣りたくなるが、警戒心の強いハゼなのでやや長めのサオで水際から少し下がってねらいたい。2・7～3mの渓流ザオもしくはハゼザオに、ミチイト1号をサオいっぱいに取り、中通しオモリ0・5号を通して自動ハリス止を結ぶ。ハリはハゼライト5～6号、ハリス5㎝。エサはアオイソメのほか、マルキユーハゼほたても有効だ。

おすすめのポイントは左近通り周辺。水路にアシが生えていて雰囲気がよいし、左近川くろまつひろば周辺は季節の花がたくさん植えられていてとてもキレイ。トイレもあるから安心だ。

左近川のハゼも他の釣り場と同様、アタリはすぐにあるものと思って釣りをし

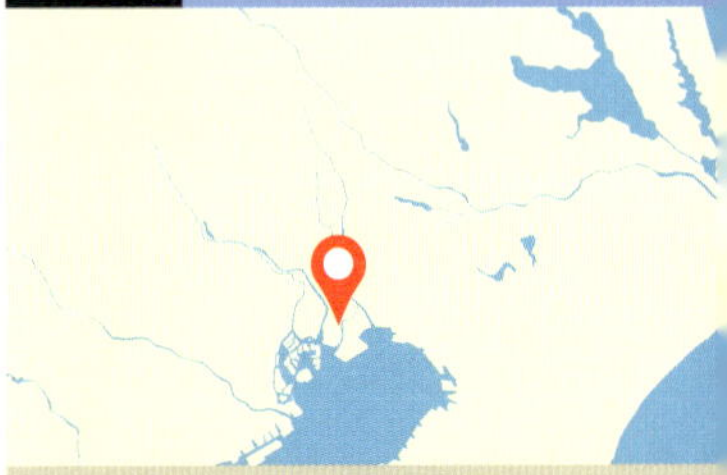

現地へのアクセス

電車 東京メトロ東西線葛西駅下車。環状7号（318号線）をなぎさ公園方面に歩いて10～15分で左近川。

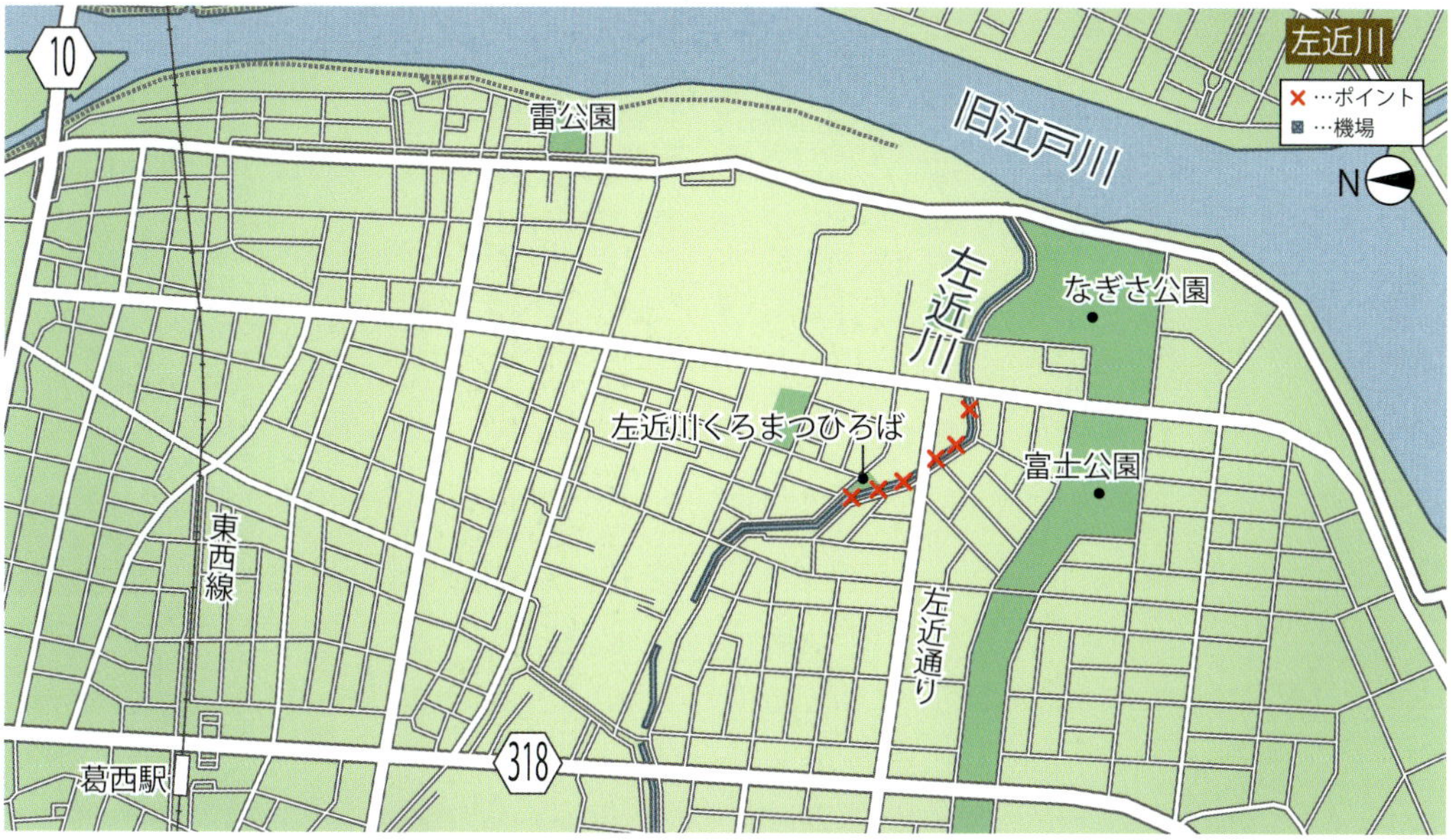

左近川くろまつ広場ののどかな景色と釣れたハゼ

てほしい。仕掛けを投入して10秒以内にアタリがなければ次の場所を探ろう。

釣行記録

2024年7月14日、夕方1時間で良型主体に時速10尾。ちょっとクセのある釣り場だが、良型のハゼを釣りたい人におすすめである。

仕掛けを振り込んだらすぐアタリが出るものと思って臨むのが釣果を伸ばすコツ

これはよいサイズ！

東京都江東区

新木場公園

ハゼ

おすすめシーズン
7月上旬～9月中旬

1月
2月
3月
4月
5月
6月
7月
8月
9月
10月
11月
12月

ゲストフィッシュ
ギマ、チンチン（クロダイの幼魚）

満潮時ねらいで出掛けたい公園内の釣り場。投げ釣りはNG

東京都江東区新木場駅から歩いて5～10分、千石橋を渡り右側にあるのが新木場公園だ。投げ釣りは禁止されているが、運河側と東京湾に面した場所は釣り場として解放され、夏にハゼ釣りが楽しめる。運河側は少し水深があり、東京湾に面した側も運河側からスナップオン・ツールズに向かって行くと浅くなっていく。

夏は運河側よりも東京湾に面した側のほうが浅いのでハゼ釣りに向いているし、実際にハゼが多い。

7～9月は岸寄りで釣れる。3・6～4・5m渓流ザオにミチイト・フロロカーボン1号もしくはPEライン0・6号をサオいっぱい取り、中通しオモリ0・5号を通して自動ハリス止を結ぶ。ハリはハゼライト5～6号ハリス5㎝。ミチイトには渓流用の化繊目印を5～6個結んでおくと便利だ。エサはアオイソメ。

東京湾側。釣行した日はこのあたりが一番釣れた

新木場公園は潮の干満の影響を受ける。干潮時は東京湾に面した側は水が引いてしまうので、満潮時（上げ6分～下げ4分）がねらいどき。

この時期のハゼはエサに飛びついてくると思ってもらいたい。仕掛けを投入してすぐにアタリがない時は「おや？」と思わないといけないのだ。それだけハゼの反応は早い。夏ハゼのアタリは待ってはいけない。すぐにアタリが出る場所を探すのだ。

釣行記録

2023年7月17日、夕方の満潮時をねらって釣行した。東京湾に面した側で釣りをしたが、運河に近いほうでは20㎝級のギマが連発。そこで運河に近いほう

現地へのアクセス

電車 JR京葉線・りんかい線・東京メトロ有楽町線で新木場駅下車。駅を出て仙石橋を渡ったら右側が新木場公園。

透明感のあるきれいなハゼが釣れる

運河側

からスナップオン・ツールズのほうに移動していくと、ガンガン当たるようになった。型もこの時期としては総じてよく、10㎝級が揃った。猛暑のため1時間で納竿としたが30尾のハゼを釣った。魚体もきれいだ。

新木場公園で東京湾の透き通ったハゼを釣ってみませんか？

チンチンも元気な引きをみせた

ギマも出た

投げ釣り禁止の看板。ルールとマナーを守って楽しく遊ぼう

東京都港区

芝浦運河＆芝浦西運河

ハゼ

おすすめシーズン
7月上旬～9月中旬

1月
2月
3月
4月
5月
6月
7月
8月
9月
10月
11月
12月

ゲストフィッシュ
セイゴ、チンチン（クロダイの幼魚）

場所によってアタリの有無がはっきり。足でポイントを探せ

東京モノレールに乗って、夏ハゼ釣り場へ向かう車窓から見える東京都港区芝浦周辺の運河がずっと気になっていた。場所から想像してハゼがいないわけがない運河筋だ。そして実際に行ってみると、特にＪＲ田町駅やゆりかもめ芝浦ふ頭駅近くの芝浦運河と芝浦西運河は、テラスが設置されていて安全快適に釣りが楽しめる絶好の場所だった。

運河の幅が広いので、パッと見てどこがポイントか分からないが、そんな時にはとにかくサオをだしてみることが大切だ。何事もやってみなければ分からない。仕掛けを投入してアタリがあるかどうかをまずは確かめる。アタリがあればしめたもので、じっくりとねらってみる。なければどんどん移動してアタリがある場所を探そう。

芝浦運河潮路橋上流側

芝浦運河も芝浦西運河も、場所によってアタリのあるなしがはっきりしている。アタリがある場所は連続してハゼが釣れ、逆にアタリのない場所は全くないので待っていても無駄だ。とにかく足で歩いてハゼの付き場を探してほしい。

仕掛けは、渓流ザオ3・6～4・5ｍにミチイト・フロロカーボン1号もしくはPEライン0・6号をサオいっぱいに取り、0・5号中通しオモリを通して自動ハリス止を結ぶ。ハリはハゼライト5～6号ハリス5㎝。エサはアオイソメをタラシが出ないようにエサ付けする。

釣行記録

2023年7月16日に試釣した。まずは芝浦運河に架かる汐彩《しおさい》橋周辺で釣りをしたがアタリがなかった。芝浦西運河の

現地へのアクセス

電車 JR山手線・京浜東北線田町駅下車。東口（芝浦口）に出て直進すると芝浦運河に出る。

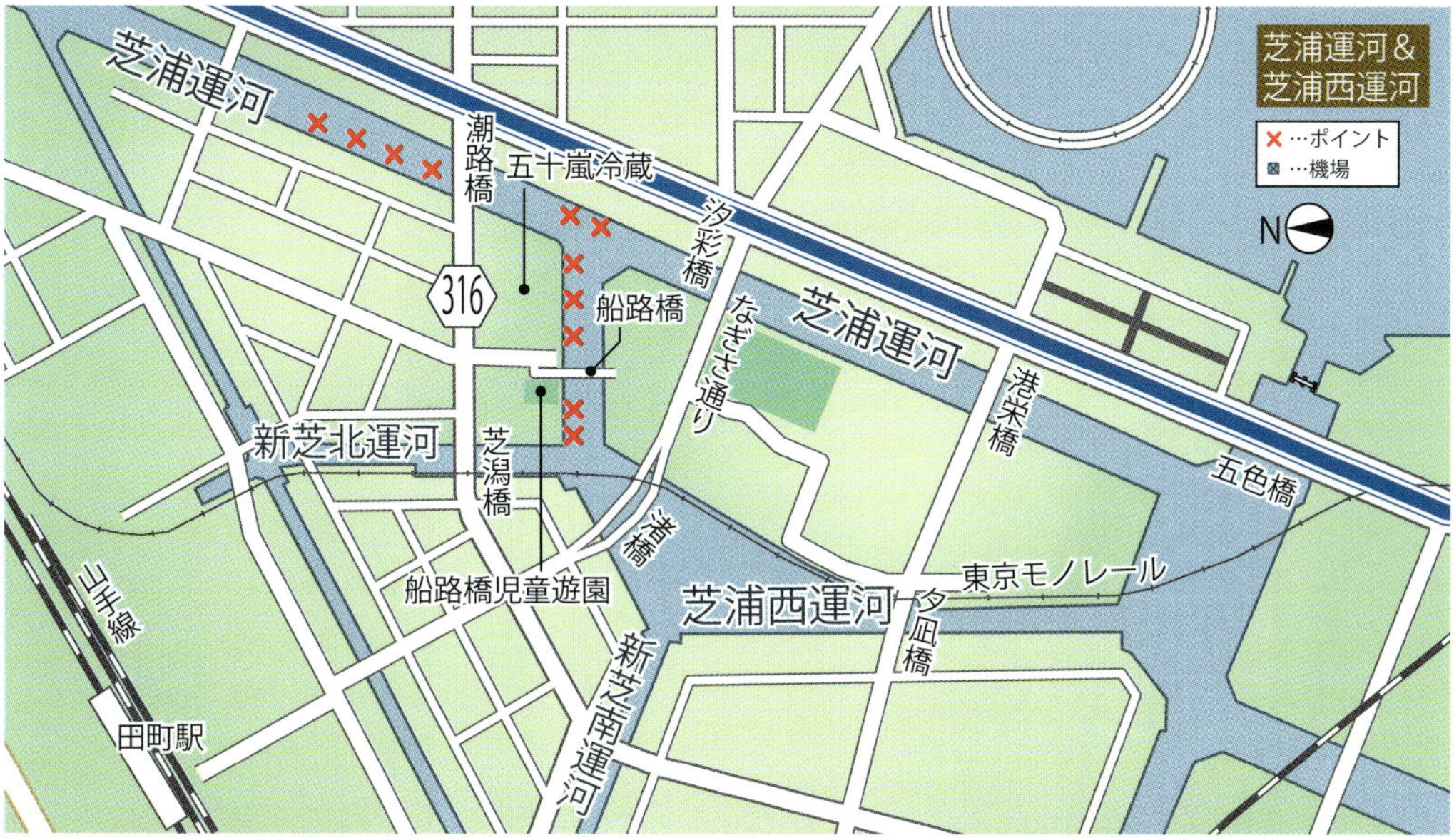

芝浦西運河・船路橋児童遊園前

芝浦運河と芝浦西運河の
合流点で釣れたハゼ

芝浦運河潮路橋下流側

合流点を釣ると連続してアタリがあり、ハゼがバタバタと釣れてきた。次にねらったのは芝浦運河の潮路《しおじ》橋上流のテラス。ここも入れ掛かりであった。

芝浦西運河に移動して五十嵐冷蔵前と船路《ふなじ》橋児童遊園前を釣り、共に入れ掛かりであった。芝浦西運河のほうがサイズは小さかった。7～10㎝のハゼが芝浦運河、芝浦西運河共に時速30尾。そのほかチンチン・セイゴも混じった。

アタリの有無をきちんと見極めると楽しいハゼ釣りになるはずだ。夏ハゼのアタリはオモリ着底後すぐに出るので、そのつもりで釣りをしてほしい。

セイゴやチンチンも
釣れた

東京都品川区

京浜運河緑道公園

ハゼ

おすすめシーズン
6月下旬～9月中旬

1月
2月
3月
4月
5月
6月
7月
8月
9月
10月
11月
12月

ゲストフィッシュ
セイゴ、ダボハゼ、チンチン（クロダイの幼魚）

人気釣り場の近くにあるロケーションのよい穴場

現地へのアクセス

電車 東京モノレール大井競馬場前駅下車。京浜運河に架かる勝島橋を渡って上流に向かうと京浜運河緑道公園。

京浜運河で夏ハゼの釣り場といえば、東京都立大井ふ頭中央海浜公園が有名。その手前にある京浜運河緑道公園でもハゼは釣れるのだが、釣り人は少なく穴場といってもよい。

八潮橋から勝島橋までの約1㎞はゴロタ場になっていてハゼが多く付いている。食いがよい時は2m前後の短ザオで、手前のゴロタ石の上にいるハゼにねらいを定めてポンポンと釣れるが、近年の真夏の猛暑時期はガクンと食いが落ちている。

手前のハゼがエサを食わない時は、沖めをねらうと釣れるのが京浜運河の特徴だ。4・5mの渓流ザオにミチイト・フロロカーボン1号またはPEライン0・6号でミャク釣り仕掛けが有効。オモリ0・5号、ハリはハゼライト5～6号ハリス5㎝。

かもめ橋から八潮橋を見る

エサはアオイソメ。エサ付けの基本は「小さくタラシを出さず」だが、8月猛暑時の食い渋り時は、ちょっとだけエサにボリュームを持たせると食ってくることがあるので試してもらいたい。

釣り方は沖めに仕掛けを振り込み、イトを張って待つ。すぐにコンッとアタリが出るイメージで構える。10秒ほど待ってもアタリがなければ仕掛けをピックアップして振り込み直す。仕掛けを引きずってしまうと根掛かりの原因となるので振り込み直しが賢明だ。

この繰り返しで探り歩くとよい。入れ掛かりにはならないかもしれないが、釣れる場所では連発する。

釣行記録

2024年8月18日が直近の釣行。

2024年夏は記録的猛暑で京浜運河のハゼ釣りも厳しかった。八潮橋～かもめ

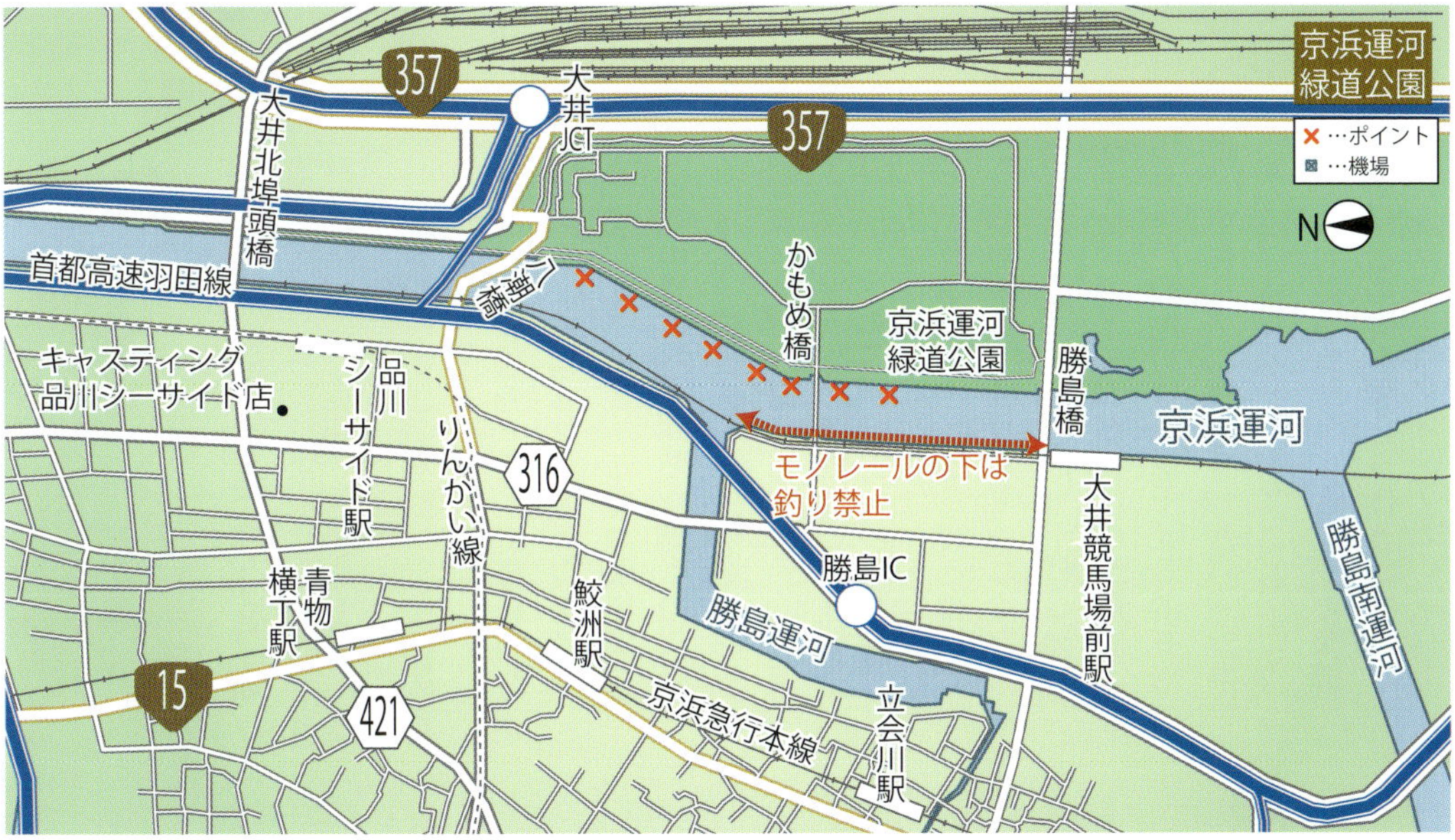

八潮橋下流

かもめ橋から勝島運河合流点を見る

かもめ橋から勝島橋を見る

釣れるハゼの平均サイズ

整備された
緑道

橋間を2時間探り歩き10～12㎝を20尾。

ハゼの魚影は多く、長短2種類のサオを用意するとよい。潮の干満があるので、潮が動いている時間をねらって釣行しよう。また、濡れたゴロタ石は滑りやすいので注意してほしい。

東京都北区

荒川・旧岩淵水門

テナガエビ

老若男女で賑わう人気フィールドは潮の干満に注意

おすすめシーズン
5月下旬～7月上旬

1月
2月
3月
4月
5月
6月
7月
8月
9月
10月
11月
12月

ゲストフィッシュ
ダボハゼ

東京都北区赤羽岩淵、荒川にある旧岩淵水門は大変よく知られたテナガエビ釣り場だ。岩淵水門は荒川から隅田川につながる現在の青水門と、旧岩淵水門（赤水門）がある。テナガエビ釣り場は旧岩淵水門のほうで、岩淵リバーステーション周りと旧岩淵水門を渡った荒川赤水門緑地となる。

岩淵リバーステーションのほうは、干潮時には水が引いて釣り場ではなくなってしまうため、上げ7分から下げ3分くらいがよい。ポイントが狭いのが難点。

荒川赤水門緑地のほうは干潮時でも釣り可能。外側のゴロタ石全域がポイントで、大変人気があり混雑するのが難点だ。

テナガエビ釣りは、2～3本サオを並べてゴロタ石の間をねらうほうが効率がよい。1・5～3mの小ものザオに足付き玉ウキもしくはシモリ仕掛けを使用する。どちらもウキの浮力よりもオモリが勝るようにすること。十字テンビン仕掛けも有効だ。エサは赤虫。

玉ウキ、シモリ仕掛けともにアタリを待つのもよいが、十字テンビン仕掛けのようにタイム釣りの要領で一定時間でサオを上げてみる方法も一手。僕のようにせっかちな人は、アタリを見ているとついつい早くサオを上げてしまいがちなので、タイム釣りのほうが効率よく釣りができる気がする。

旧岩淵水門から荒川上流を見る

釣行記録

2023年6月18日、下げいっぱいの時間だったので荒川赤水門緑地で釣りをした。老若男女たくさんの釣り人で賑わっていた。空いているポイントで長短

現地へのアクセス

電車 東京メトロ南北線赤羽岩淵駅下車。R122を新荒川大橋方面に歩く。橋手前を右折して下流方面へ。新河岸川に架かる新志茂橋を渡って旧岩淵水門へ。

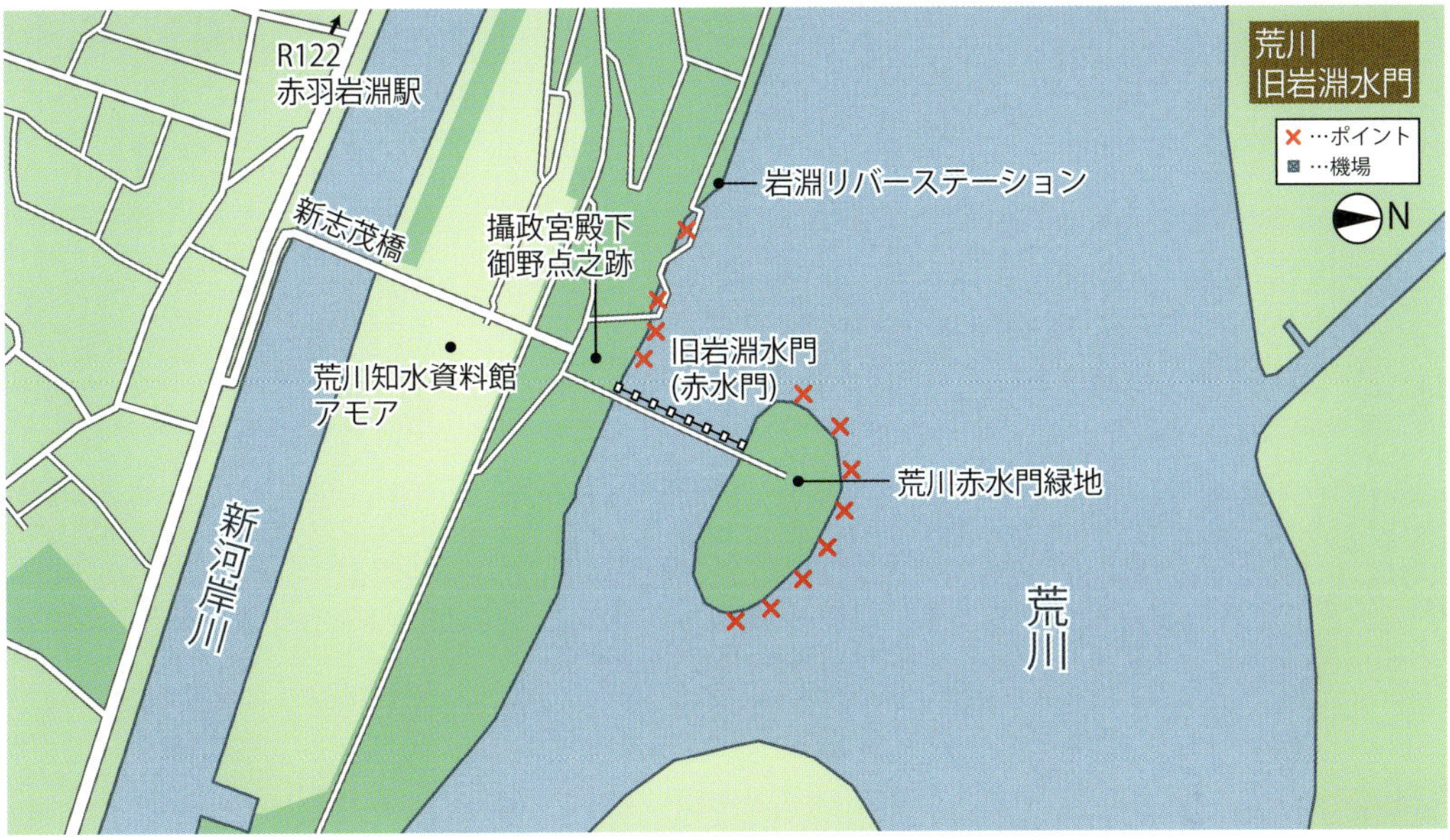

干潮時に撮影。岩の間はこうなっている

ボードウオークがある岩淵リバーステーション付近の釣り場風景

旧岩淵水門（赤水門）

大型も出た

赤水門緑地の釣り場

旧岩淵水門の歴史を伝える看板

3本サオをだしたが、この日は3mザオのラインがよかった。2時間余りの釣りで大型混じりで10尾。数は物足りなかったが、快晴の天気を考えればやむを得ない。状況がよければ数ももっと伸びる。

これからもテナガエビシーズンには多くの釣り人で賑わうことだろう。

東京都調布市

野川

ヤマベ

おすすめシーズン　6～9月

月
1月
2月
3月
4月
5月
6月
7月
8月
9月
10月
11月
12月

ゲストフィッシュ
カワムツ、コイ、ナマズ、モロコ

流域住民に愛される自然豊かな流れには多種多彩な魚が生息

東京都調布市深大寺付近を流れる野川は多摩川の支流で一級河川である。両岸をフェンスで囲まれているが、所々に河川敷に降りられるように階段が設置されている。釣り自体は禁止されていないが、住宅地の中を流れているのでルール、モラルを守って楽しんでほしい（HP「流域連絡会‐東京都建設局・野川ルール」参照）。

　野川にはヤマベ、カワムツ、コイ、ナマズなどが生息する。とても小さな川だが魚影の多さには驚かされる。ヤマベが群れをなし、コイやナマズが悠然と泳ぐ光景は都内を流れる川とは思えない。

　釣りは夏のヤマベが楽しい。おすすめのポイントは中央道下から下流・虎狛橋《こはく》周辺がよい。特に虎狛橋のすぐ上流左岸にある水路の合流点付近は、誰もがねらいたくなる1級ポイントだ。

　魚はたくさんいるが水深が浅いのが難点で、合流点の少し上手で釣りをするとよいだろう。川幅は狭いが、水際から少し離れて釣りをしたほうが魚に警戒心を与えずよく釣れる。

　そのため、3・6～3・9mのヤマベザオ（ハエザオ）にヤマベ用の立ちウキ仕掛けが釣りやすい。エサはグルテンのほか、サシも有効だ。

　タナは底スレスレにウキ下を調節して流れに乗せる。アタリは明確にスッとウキが引き込まれる。この時に合わせると小気味よい引きでヤマベが釣れるだろう。

虎狛橋下流側

釣行記録

　2024年6月16日、虎狛橋上流に釣行した。2時間で10～13cmを29尾。

　野川周辺には深大寺をはじめ、神代植物公園、深大寺城跡など見どころがたくさん。深大寺天然温泉もある。また深大

現地へのアクセス

電車 京王線調布駅北口より京王バスで武蔵野市場下車。直進すると野川（中央道下）。

寺周辺は蕎麦が有名で、美味しい蕎麦がいただけるお店がいくつもある、ご賞味あれ。

中央道下の流れ

虎狛橋上流側。右下が水路の合流

深大寺。釣り場の近くには見どころがたくさん

レギュラーサイズのヤマベ

神奈川県横浜市

鷹取川 河口周辺

ハゼ

おすすめシーズン
7月上旬～9月中旬

1月
2月
3月
4月
5月
6月
7月
8月
9月
10月
11月
12月

ゲストフィッシュ
ウロハゼ、クロダイ、チンチン（クロダイの幼魚）、フグ

真夏に天ぷらサイズ！　牡蠣殻の間の砂地やくぼんだ場所ねらい

神奈川県横浜市金沢八景にある平潟湾奥に流れ込む鷹取川は、両岸が夏から初秋にかけてのハゼ釣り場。あたりの浅場は底に牡蠣殻が点在する根掛かり多発地帯だが、ハゼは牡蠣殻に付くので好ポイントなのだ。ハゼのほかにはクロダイの魚影も非常に多い。大小たくさんのクロダイが泳ぎ、時には何かを捕食している場面も見られる。

鷹取川最下流に架かる追浜橋の右側・追浜高校グラウンド前と、左側のローソンストア100前周辺が釣り場である。歩道からフェンス越しの釣りとなり、車道を走る車、歩道を歩く歩行者等には充分注意していただきたい。

フェンスから水際までの足場もやや高く、4・5m前後の渓流ザオを使用する。ミチイトにフロロカーボン1号またはPEライン0・6号を使ったミャク釣り仕掛けが有効だ。オモリ0・5号、ハリはハゼライト6号ハリス5㎝。

ローソンストア 100 前

底に起伏があり、少しくぼんだ場所や牡蠣殻と牡蠣殻の間の砂地等をねらう。仕掛けを投入して、ハゼがいればすぐに反応がある。いる場所といない場所がはっきりしているので、すぐにアタリが出る場所を探し出そう。

釣行記録

どちらかというと、追浜高校グラウンド側よりもローソン100側のほうがハゼがいる。サイズは8月としては大きい15㎝級がけっこう混じる。

2023年8月15日、午後1時から岸寄りに潮が上がってくるのを待って釣りをした。ローソン100前ではよくアタ

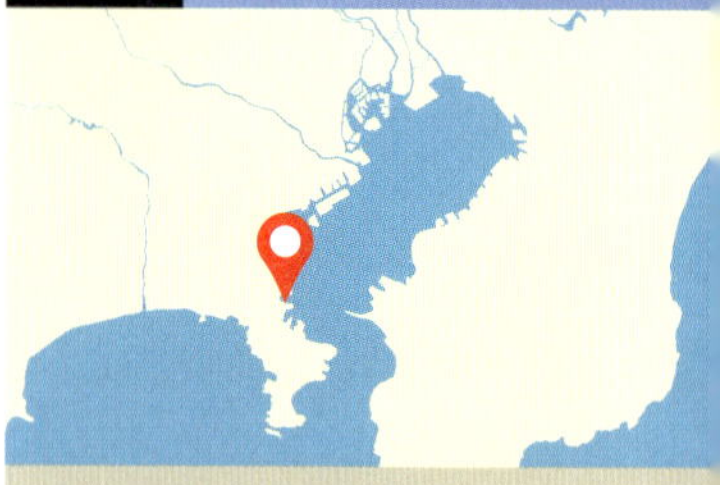

現地へのアクセス

電車 京浜急行線金沢八景駅下車。平潟湾に出て野島公園方面に歩き、夕照橋を越えた先が鷹取川河口周辺。駅から徒歩 20 分ほど。

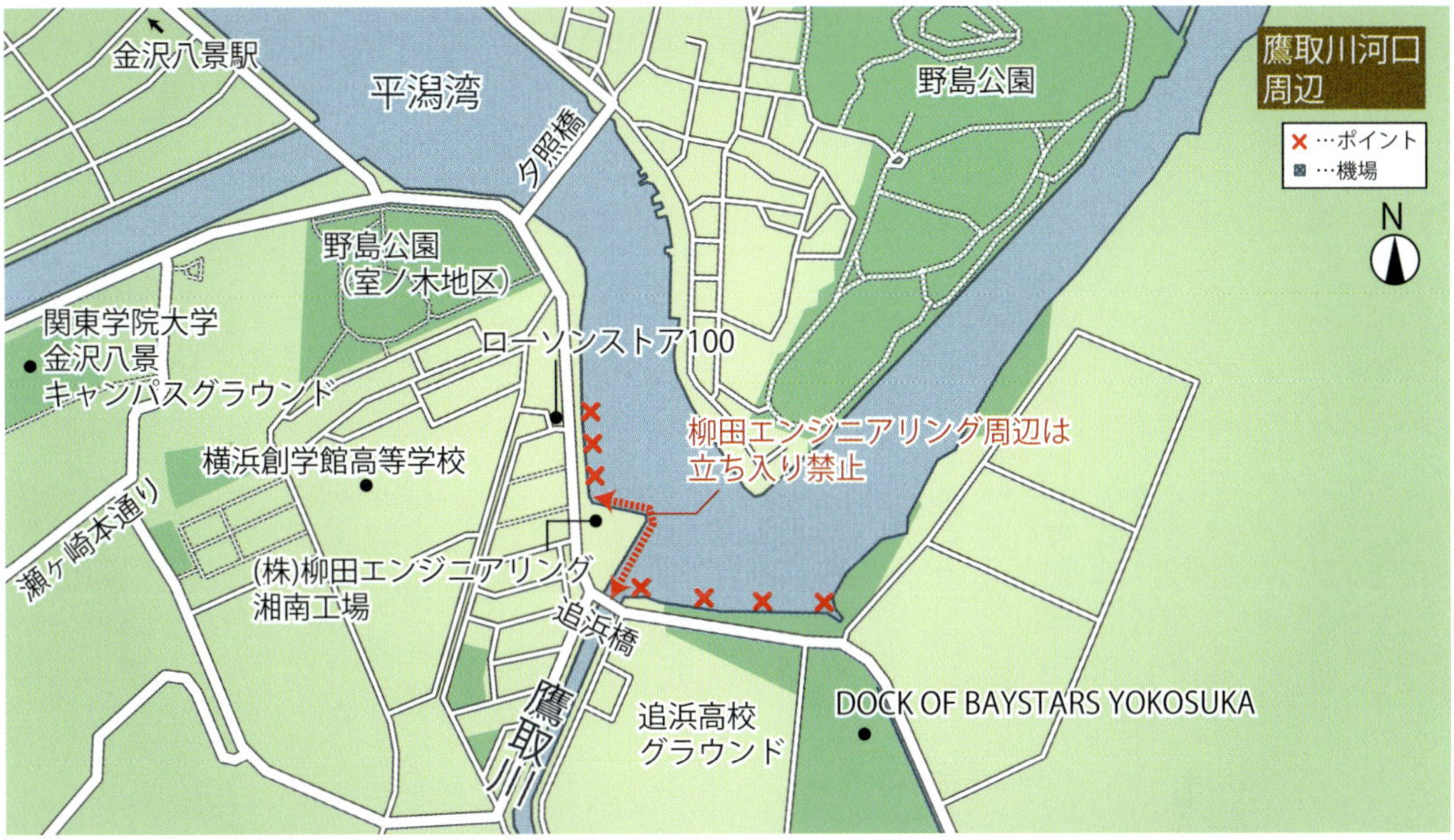

鷹取川河口左岸側、柳田エンジニアリングの隣辺り

ローソンストア 100 前で釣れたハゼ。数は少ないが大型が出る

リが出た。すべて天ぷらサイズで15～18㎝級を3時間で28尾。そのほかチンチン、フグ、ウロハゼ等も多かった。

上げ6分から下げ4分くらいの間がねらい時である。

チンチンも多い

ウロハゼもきた

追浜高校グラウンド前

茨城県古河市

西仁連川

ヤマベ

おすすめシーズン
6～8月

1月
2月
3月
4月
5月
6月
7月
8月
9月
10月
11月
12月

ゲストフィッシュ
小ブナ、コイ（大型）、ニゴイ、モロコ

毛バリよりエサ有利。3～3・9mザオで手前から中沖までを探る

茨城県結城市と古河市の境を流れる西仁《に》連《れ》川は、30年ほど前によく通ったヤマベ・マブナ釣り場だ。春になると周辺の田んぼに水が入り、西仁連川に落とされるとシーズンイン。水色はササニゴリで透明度は低い。しかし適度に濁りがあることで食いがよくなるので好都合だ。

釣期は5～8月だが、僕が通い詰めていたのは7～8月の暑い時期。茨城県立三和高等学校近くの宝来橋から下流の尾崎橋まで、毛バリの流し釣りで釣り下ったものである。

2024年春から夏に3回訪れたが、当時と比べると水量が少なくなっていると感じた。ヤマベの魚影は変わらず多い。

現在は毛バリ釣りよりもハエウキを使用したエサ釣りのほうが釣果が上がる。ポイントは、尾崎橋上流の水路合流点から西仁連川と東仁連川の分岐点周辺がねらいめ。この場所では浅場を群れで泳いでいたり、ハネが見られたりとヤマベの魚影をたくさん目視出来るはずだ。

水深は20～40㎝と浅く緩やかな流れがあるので、流れに乗せて底付近に仕掛けを流す釣り方がよい。

川幅は広いがヤマベが釣れるラインは手前から中沖なので、サオは3～3・9mのヤマベザオでよい。仕掛けは、ハエウキ（ヤマベ用の発泡ウキ）かトウガラシウキを使った立ちウキ仕掛け。ハリはヤマベバリ3～4号ハリス10㎝。エサは寄せエサ効果が期待できるグルテンもよいし、サシでも釣れる。ただし、大ゴイやニゴイがいるので注意していただきたい。

アタリは明確で、ウキがスーッと引き

尾崎橋から下流の東諸川橋を見る

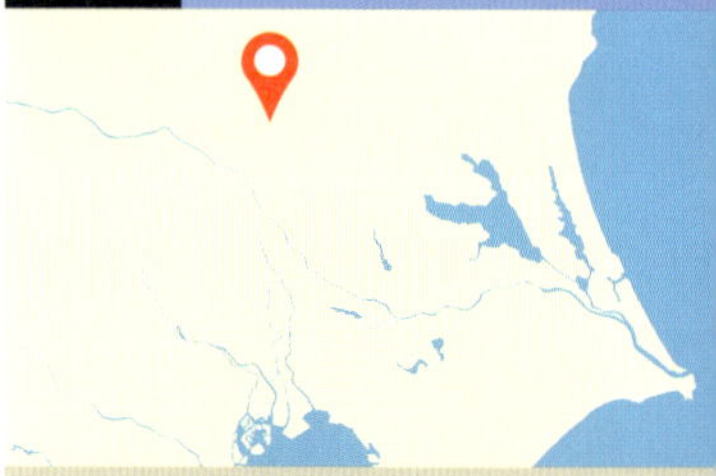

現地へのアクセス

車 圏央道・境古河ICを降り県道17号日光東往還を諸川方面へ。諸川交差点を右折してR125に入り約1㎞走ると尾崎橋。周辺は駐車スペースが少ないので注意。

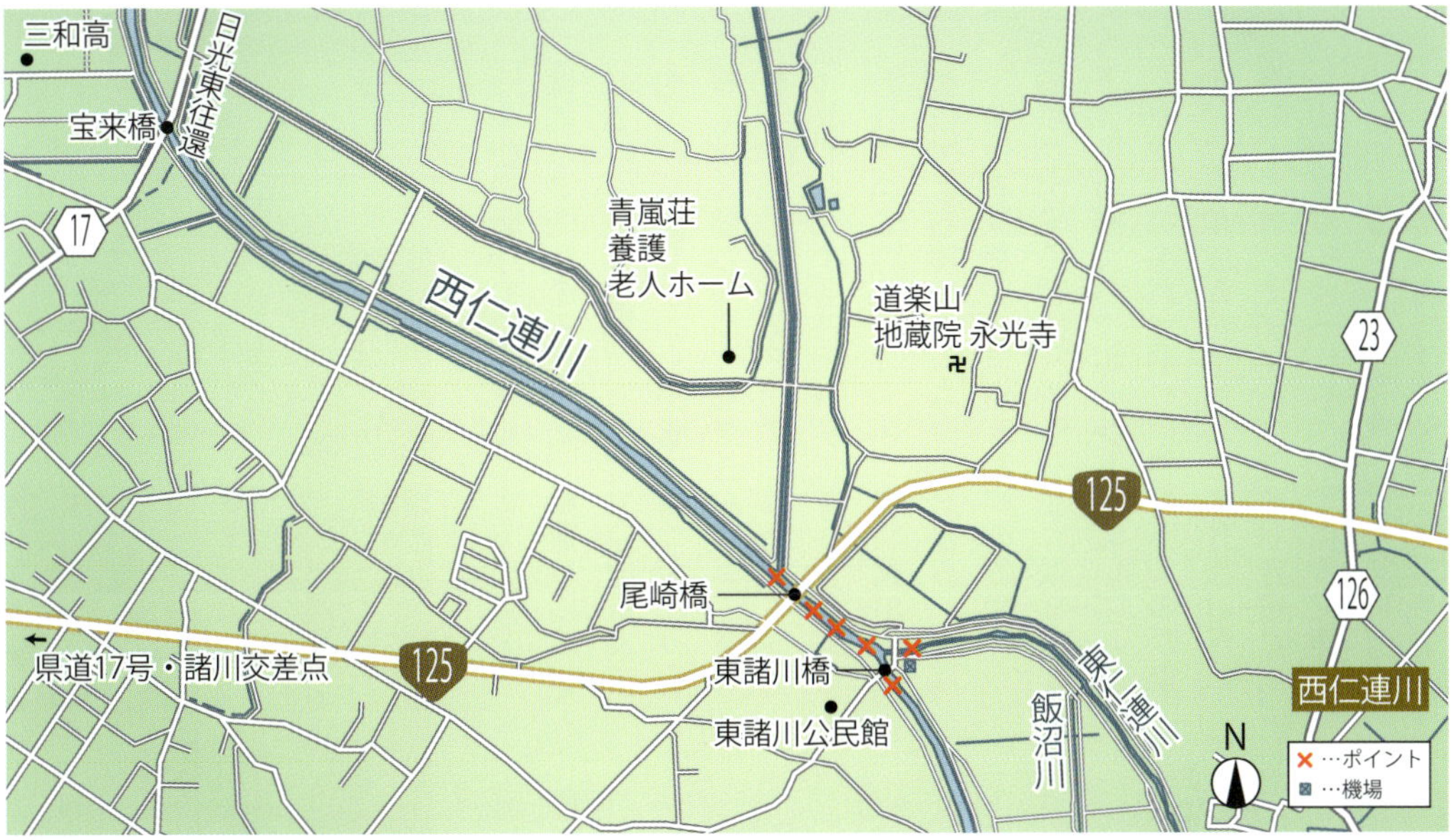

東仁連川

東諸川橋下流の流れ

尾崎橋上流の水路合流点

平均サイズのヤマベ

モロコも釣れた

込まれるから分かりやすい。アタリがなかなか出ない時はヤマベがいるラインに仕掛けが流れていないことが多い。ヤマベがエサを食ってくる筋＝ラインを探すことが大切だ。

釣行記録

直近の釣行は2024年8月13日。35℃を超える猛暑日だったので12時から1時間ほどの釣りであったが、尾崎橋下流左岸で中小型中心に30尾。

かつては大勢いた釣り人もめっきり少なくなったが、ヤマベはたくさんいるので興味がある方はぜひ！

●鬼怒小貝漁業協同組合（℡0296・28・0035）。遊漁料雑魚日釣り券600円（現場売200円増）。

栃木県宇都宮市

田川

ヤマベ

おすすめシーズン 7~10月

1月 / 2月 / 3月 / 4月 / 5月 / 6月 / 7月 / 8月 / 9月 / 10月 / 11月 / 12月

ゲストフィッシュ
ウグイ

駅チカの流れで毛バリ釣りを堪能した後は宇都宮餃子に腹鼓

現地へのアクセス

電車 JR宇都宮線宇都宮駅下車。西口に降りて直進するとすぐに田川。

宇都宮駅近くを流れる鬼怒川支流田川は釣り鉄向きの釣り場だ。岸寄りにはプロムナードが設置され、立ち込まなくても毛バリ釣りが楽しめる（折りたたみの長靴は持参したい）。もちろんウエーダーを着用すれば釣果アップにもつながる。

ポイントは押切橋から洗橋の下流まで釣り下って約半日コース。押切橋から洗橋までは右岸のプロムナードから、洗橋下流は右岸釜川合流点と左岸の護岸から釣りが出来る。釣れそうな流れはさらに下流にも続くのでポイントは広い。

ヤマベの毛バリ釣りは釣り下るのが鉄則。立ち位置からやや下流に仕掛けを投入し、サオ、ミチイト、毛バリ仕掛けが一直線になるようにして扇型に手前岸まで仕掛けを引いてくる。アタリはガガンッと手元にきたり、水面にバシャッと出たりするので刺激的。向こうアワセで掛かるので基本的にアワセは不要だ。流速のある瀬を流すことが大切で、アタリがない瀬はどんどん釣り下ってアタリを探すこと。ヤマベが毛バリを食ってくる時はすぐに反応がある。

ハエザオ3・9mに市販ヤマベ毛バリ仕掛け（5~7本バリ）をセットする。仕掛け全長がサオよりも1mほど長くなるように調節しておくこと。ヤマベが掛かったら水面を滑らせるイメージで寄せる。引き抜くと仕掛けがグチャグチャになってしまうので、手元まで寄せてから仕掛けを手繰るとよい。一度に2~3尾掛かることもあるので、そのような場合は必ず上の魚から外していくこと。

押切橋下流右岸

釣行記録

2024年8月14日、増水気味だが非常に毛バリへの反応はよかった。特に洗橋下流左岸は入れ掛かりだった。

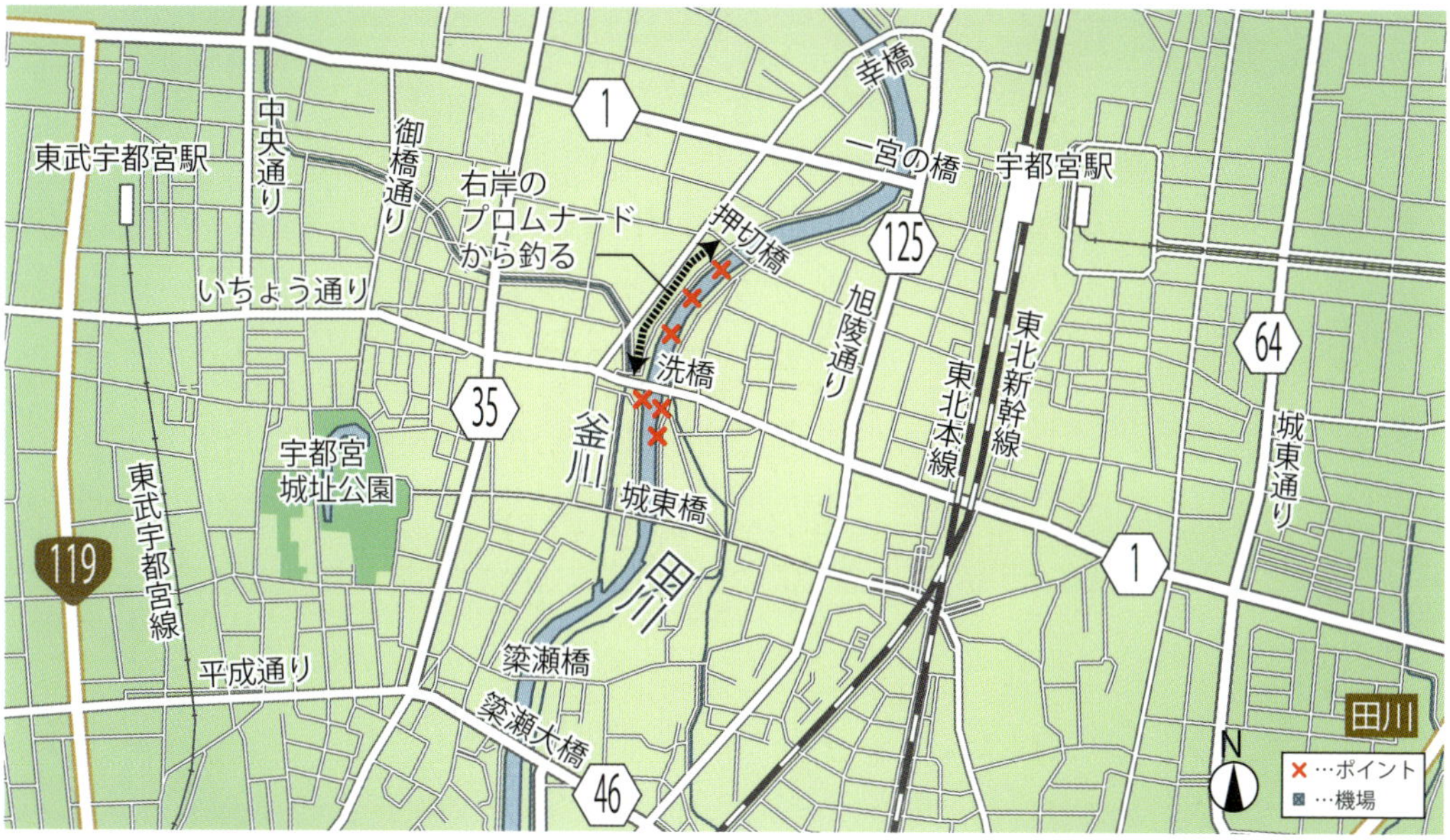

洗橋上流右岸

洗橋から下流を望む

押切橋上流右岸

きれいなオスのヤマベ

宇都宮ライトレール

11〜13時の2時間で118尾と時速60尾ペース。トリプル1回、ダブル12回と良型の引きを堪能した。これだから毛バリ釣りは止められない（笑）。

宇都宮といえば餃子。どこも行列必死だが美味しいので並ぶ価値あり。また宇都宮駅東口から出発する宇都宮ライトレールも次世代型路面電車として一見、乗車の価値ありと付け加えておこう。

●鬼怒川漁業協同組合（TEL028・666・8899）。毛バリ禁止期間4月1日〜アユ解禁日前日まで。遊漁料雑魚日釣り券1000円。

Column 2

アユイングやってみました！

こちらは釣友の原彰さんが友釣りで掛けたアユ

アユルアーではありません、人生初のアユイングで釣ったアユ！

アユの友釣りをやめて10年くらい経ちました。9～10mの長ザオに極細ライン、オトリアユの操作が克服出来ず、アユ釣りは自分には向かないと道具を処分しました。

ところが、近年アユルアーを使ったアユイングが人気となり、すごく興味が湧いてきたのです。友釣りを止めたとはいえ、目印が飛んでアユが掛かった時のあの引きは強烈、魅力的で、「アユ釣りももっと手軽に出来たらよいのにな～」とは常々思っていました。

そんなある時、アユ釣りが大好きな釣友の原彰さんに「アユイング、興味があるんですよね」と何気なく話すと、「相模川でやろうよ！　道具もあるから」とお誘いを受け、2024年8月に同行させて頂きました。

アユイングの専用道具は持っていなかったので、トラウト用スピニングタックルとアユルアーを2個にアユタビを持参し、足りない道具は原さんからお借りしていざ釣行です。

アユイングは大人気とは聞いていましたが、川に着いて釣り人の多さに驚きました。友釣りの経験から釣れそうなポイントは分かるつもりですが、入るポイントがない！　何とか空いている場所を見つけて入り、第1投でいきなり小型ながらもアユが釣れてきたではありませんか！　でも、その後は根掛かりしたり釣れなかったりと試練がやって来ました。

どうしたら釣れるかなと試行錯誤し、その日は計5尾掛けて取り込めたアユは4尾。18㎝級の1尾はガツンと強烈な引き込みで、いい引きを楽しませてくれました。

アユイングを実際にしてみて、楽しいし手軽だし大人気の理由がよく分かりました。たまには小もの釣りと違う釣りも楽しいものですね！

秋の釣り場めぐり 17

この季節は新たな釣りものとして“小ブナ”が登場する。
春の乗っ込みとは対照的に、ホソや水路でねらうのはタナゴの兄弟のようなサイズ。
またハゼやヤマベもシーズンが続く。

茨城県鹿嶋市

奈良毛のホソ

小ブナ

釣果にムラはあるが運がよければタナゴ混じりで楽しめる

おすすめシーズン
9～10月

1月
2月
3月
4月
5月
6月
7月
8月
9月
10月
11月
12月

ゲストフィッシュ
クチボソ、タナゴ、モロコ

茨城県鹿嶋市奈良毛の北浦湖岸にある奈良毛のホソは、幅1mほどのコンクリート水路であるが、水草が繁茂している非常に雰囲気のよいホソである。

奈良毛のホソでは秋の小ブナ釣りが楽しい。以前はタナゴもけっこう釣れたのだが、現在はたまに混じる程度である。

ポイントは第一機場周辺がよい。機場を正面に見て右側のホソも釣れるが、どちらかというと左側のほうに軍配が上がる。基本的にはホソの中の水草周りを釣る。釣れる場所と釣れない場所があるので、アタリがないか、釣れてもジャミばかりという場所はポイントを変えたほうがよい。連続して釣れる場所を見つけたらしめたものだ。このような場所を見つけ出すことが数を釣る秘訣である。

また機場に続く何の変化も水草もない場所があるが、この平場が侮れない。釣れる時は意外と釣れるのでお試しを！

コンクリートの水路には見えない自然な佇まい

奈良毛のホソでは2mの小ものザオもしくは7尺の小ブナザオに、ミチイト0.4号に羽根ウキを8～10個通した数珠シモリ仕掛けがよい。ガン玉5号でゆっくりと沈む遅ジモリバランスに調節し、上バリと下バリの2本バリにする。エサは赤虫。

ねらったポイントに仕掛けを入れ、そこに小ブナがいればすぐにクックッとウキを引き込むアタリが出るはず。小ブナが掛かったら水草の中へ潜られないように強引なやり取りも必要だ。

釣行記録

2024年は9月29日と10月13日に釣行した。9月29日は僕の釣友としてはか

現地へのアクセス

車 東関道・潮来ICを降りR51に入って新神宮橋を渡る。県道238号須賀北埠頭線を経由して県道18号茨城鹿島線に入り奈良毛方面へ。中里川を越えたら奈良毛。

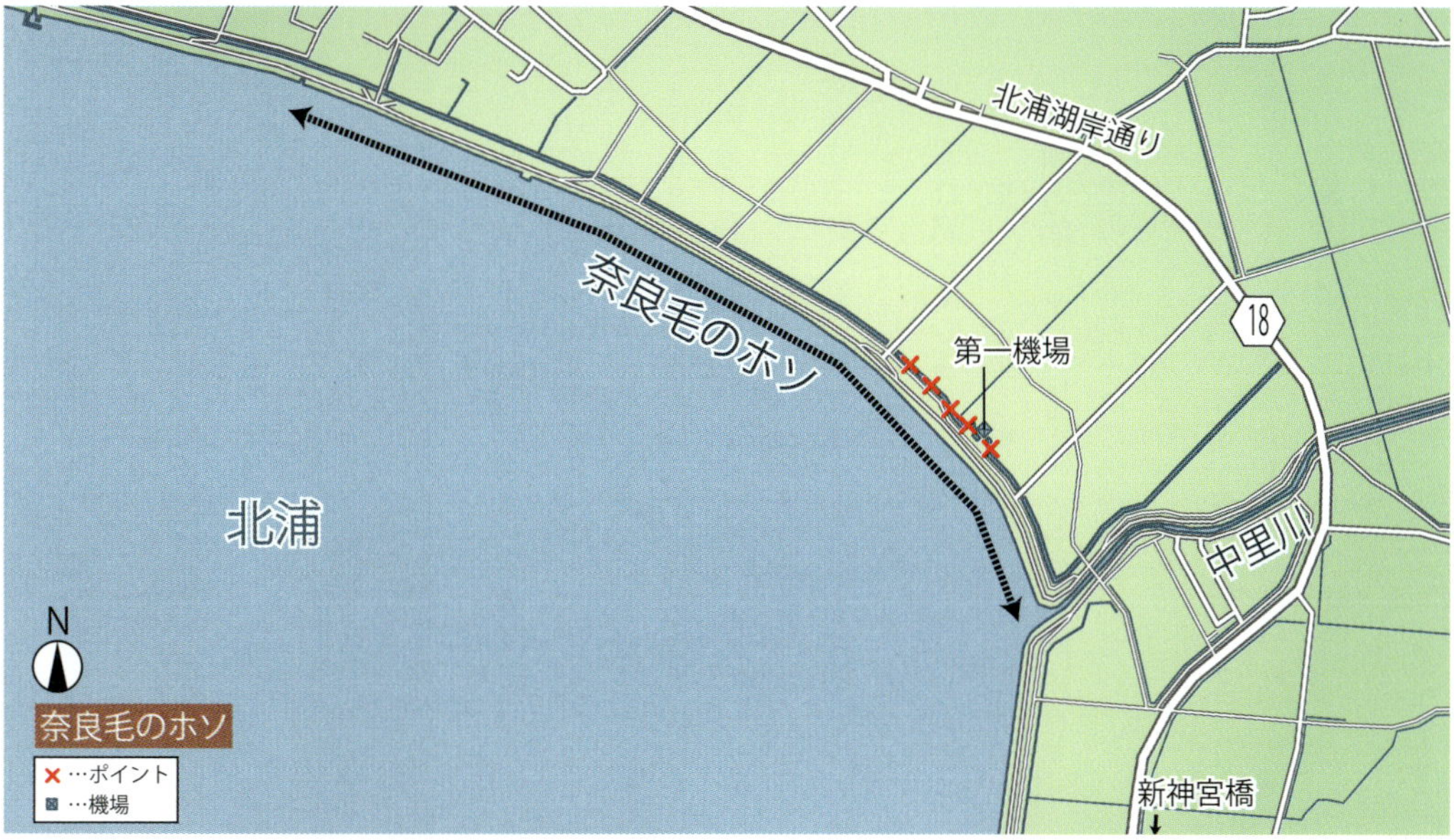

釣果。ポイントに当たり外れがあるので注意

野崎君が釣った小ブナ

機場の平場を釣る

ゲストのモロコ

なり若い野崎駿君が同行した。第一機場周辺で彼がいきなりお兄ちゃんサイズの10㎝級を釣りあげ「これはよいかもしれない!」と思った。場所の当たり外れはあったものの、1時間半ほどで22尾の小ブナが釣れた。特に機場に続く平場はよく、雨が降ってこなければまだまだ釣れ続いたはずだ。10月13日は期待して釣行したのだが、前回とは裏腹に型を見た程度で終わってしまった。

奈良毛のホソの小ブナはムラはあるが、タイミングが合えばとても楽しい釣りが出来るはずである。

茨城県行方市

五町田のホソ

小ブナ

おすすめシーズン
9～10月

1月
2月
3月
4月
5月
6月
7月
8月
9月
10月
11月
12月

歩いて探って小ブナの溜まり場を見つけ出そう

ゲストフィッシュ
クチボソ、小ゴイ、モロコ

茨城県行方市五町田《ごちょうだ》にある霞ヶ浦湖岸の五町田のホソは広い釣り場ではないが、秋の小ブナ釣りを楽しめる。機場を正面に見て、ホソは右側の船子川方面と左側の荒宿方面へ伸びている。

船子川方面のホソは機場脇で縦ホソが合流するが、直線的でホソにかかる雑草周辺をていねいに探り誘っていくとよい。入れ食いになるようなポイントは少なく、拾い釣りで数を稼ぐ。

荒宿方面のホソはポイントこそ狭いが、小橋の影や縦ホソの合流点をねらっていくと小ブナの溜まり場がある。

どちらのホソもヘチ寄りを中心に探るのだが、意外とホソの中央付近でも釣れるので広く探ってみると良い。

仕掛けは2m前後の小もののザオもしくは7尺の小ブナザオがちょうどよい。ミチイト0・4号をサオいっぱいに取り、羽根ウキを8～10個通した数珠シモリ仕掛け。上バリと下バリの2本バリ仕掛けとし、ハリは袖1号ハリス5㎝。エサは赤虫。ウキの浮力バランスは、ガン玉5号で羽根ウキ全部がゆっくりと沈む遅ジモリに仕上げる。

ポイントに仕掛けを投入してオモリが底にトンッと着くと、羽根ウキにクッとかクックッと小さく引き込まれるようなアタリが出るはずだ。反応がない時は仕掛けの投入場所を変えてみること。少し変えるだけでもアタリが出ることがある。仕掛けの入れっ放しは禁物だ。

五町田のホソ。ヘチだけではなく平場も探ってみよう

釣行記録

2024年10月6日、午後1時から3時まで2時間の釣り。荒宿方面のホソか

現地へのアクセス

車 常磐道・土浦北ICを降り、R125、354で霞ヶ浦大橋方面へ。霞ヶ浦大橋を渡り高須交差点を右折してR355を五町田方面へ。五町田交差点を右折して霞ヶ浦湖岸へ向かい土手道に出たら左折して直進すると五町田のホソ。

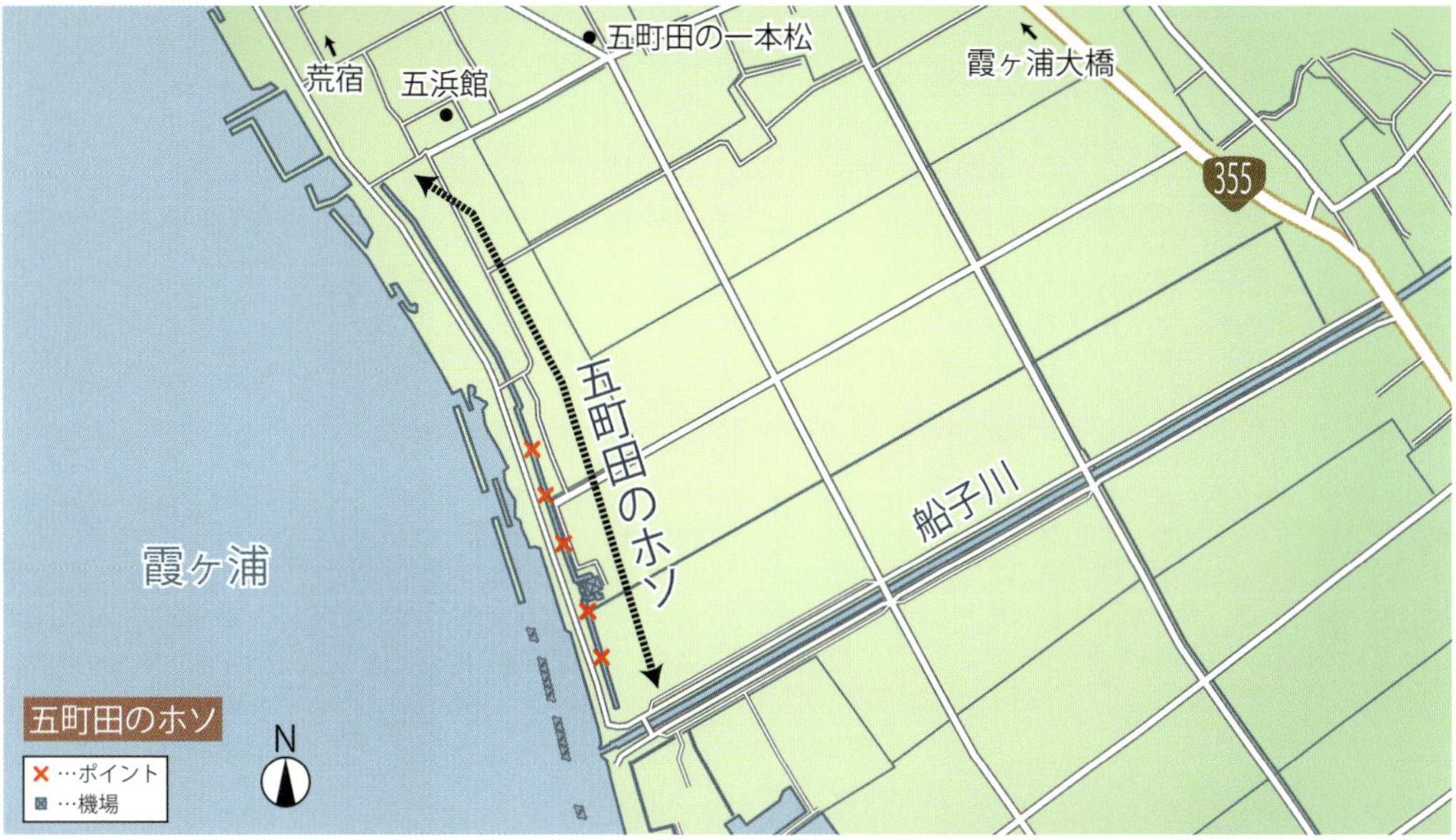

機場から船子川方面を望む

機場付近

お兄ちゃんサイズもきた

小ブナの溜まり場を見つけることが釣果を伸ばすコツ

クチボソも多い

ら始めて小橋の脇の手前へチ周辺でバタバタと釣れ、このあたりだけで16尾を数えた。その後は船子川方面のホソに移動して探り歩き、10尾追加。

ものすごく魚影が多いわけではないが、探り歩いて小ブナの数を稼ぐ楽しさがある釣り場である。小ブナのサイズは5～10㎝で小ゴイ、クチボソ、モロコが混じる。

菱木川

タナゴ五目

おすすめシーズン　9～10月

1月
2月
3月
4月
5月
6月
7月
8月
9月
10月
11月
12月

ゲストフィッシュ
クチボソ、テナガエビ、ブルーギル、モロコ

本命に出会えたらラッキー、多種多彩な小ものがお出迎え

茨城県かすみがうら市柏崎を流れる菱木川は、小もの釣りが楽しめる霞ヶ浦流入河川。以前からタナゴ五目釣りで知られているが、近年は菱木川を通る度にブラックバスねらいの人しか見ないなと思っていた。菱木川のタナゴ五目ポイントは限られているので、この場所にいつも釣り人がいないのはどうしたものかと気になっていた。その限られたポイントとは菱木川河口右岸の板チョコ護岸。かつては岸寄りで80～100㎝のタナゴザオを使ってオカメタナゴ（タイリクバラタナゴ）が釣れて楽しめたものだ。

釣行記録

気になったらサオをだして確認したくなるのが釣り人の性である。2024年10月6日に「釣査」した。午前中は80㎝のタナゴザオ+タナゴ仕掛けでオカメタナゴねらい。従妹と2人で板チョコ護岸の隅から隅まで探ったが、超小型のテナガエビの入れ食いだ。魚が掛かったと思うとクチボソ・モロコやブルーギル。

どうにも好転しないので一旦このポイントを離れ、五町田のホソで小ブナ釣りを楽しんだ後、夕マヅメの後半戦。残された時間は1時間。僕はオカメタナゴねらいをやめて、7尺の小ブナザオに羽根ウキの小ブナ用数珠シモリ仕掛けを結び、赤虫エサで板チョコ護岸を探ることにした。沖に仕掛けを振り込んで手前岸まで探ると、アタリはけっこうあってクチボソ、モロコ、ブルーギルが釣れた。そしてそろそろ暗くなってきて時間切れかと思った時、待望のタナゴがきた。

五目釣りを楽しむのなら、2ｍ前後の

水神橋から下流河口側を望む

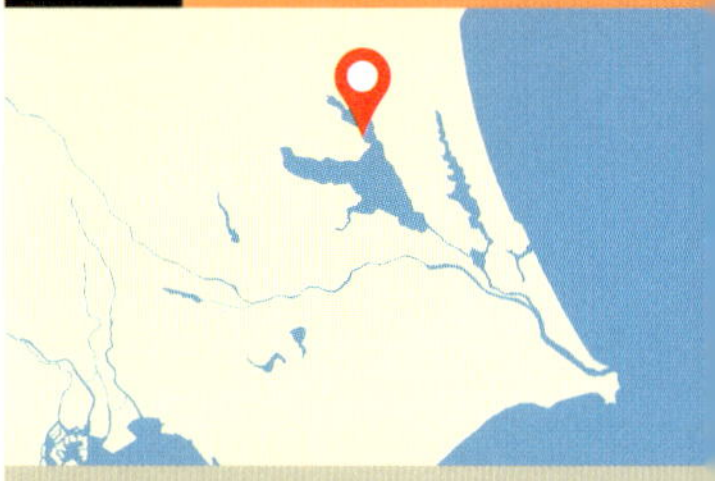

現地へのアクセス

車 常磐道・土浦北ICを降り、R125、354を経由して霞ヶ浦大橋方面へ。霞ヶ浦大橋手前で左折して県道118号から湖岸沿いの道へ入り菱木川を目差す

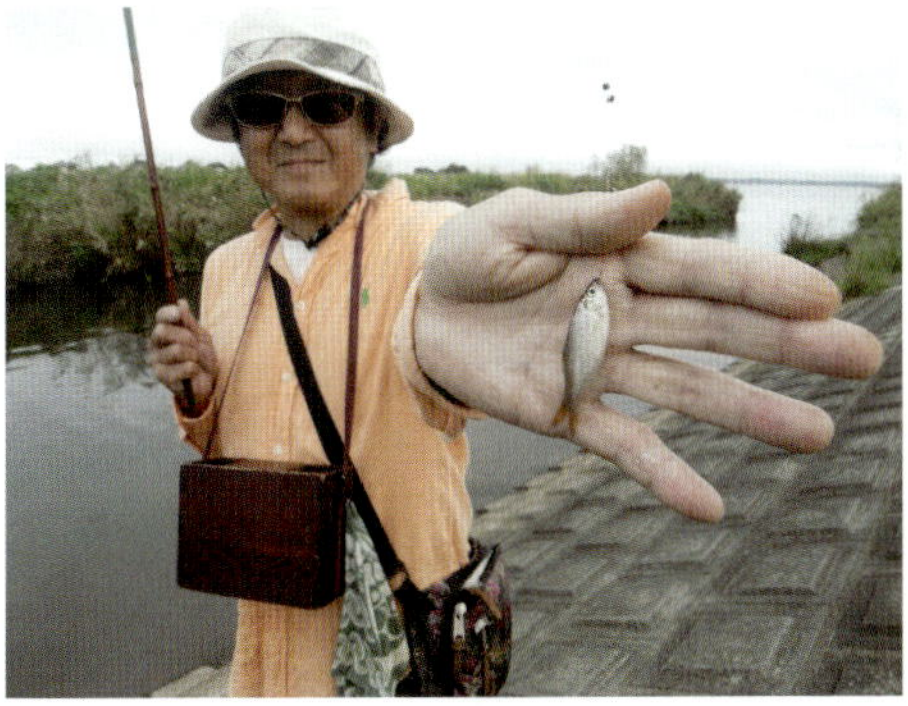

釣れました！

板チョコ護岸の釣り場風景

本命のタナゴ

クチボソもくる

ブルーギルも多い

小さなテナガエビがやたらと釣れた

小ものザオに遅ジモリバランスに整えた数珠シモリ仕掛けを使ったほうが、いろいろな魚が釣れて楽しめる。本命のタナゴは滅多に釣れないけれど、運よく出会えた時の感動はひとしおだ。

　最後に、この日はテナガエビを50尾は釣ったことも付け加えておこう。

茨城県かすみがうら市

有河のホソ

小ブナ

おすすめシーズン
9～10月

1月
2月
3月
4月
5月
6月
7月
8月
9月
10月
11月
12月

ゲストフィッシュ
クチボソ、モロコ

軽いオモリの仕掛けで魚影の多い浅い流れを静かに攻略

茨城県かすみがうら市、一の瀬川と牛《うし》渡《わた》舟溜までの間の土手下の流れが有河《あるが》のホソで、秋の小ブナ釣り場である。ホソは水草で埋まってしまっている所も多く、水深もずいぶん浅くなってしまった。しかしながら小ブナの魚影は非常に多い。

水草と水草の間や、ちょっと開けた場所等では浅場にも右往左往する小ブナを見つけることが出来る。一見浅すぎると思われるが、静かにねらえば、入れ食いは難しいがそれなりに釣りになる。

また、中村化成工業の前は近年ボサが多くて釣りづらいのだが、流れ込みは小ブナがよく釣れる1級ポイントだ。ただ範囲が狭いので少人数しか入れない。

小ブナの魚影が多いのだから釣りをしない手はない。2mの小ものザオもしくは7尺の小ブナザオに、ガン玉5号でバランスを取った軽いオモリの2本バリ数珠シモリ仕掛けをセット。エサは赤虫。

ホソの風景

ガン玉5号の仕掛けは振り込みに慣れが必要かもしれないが、ごく浅いポイントを攻略するためには、やや離れた位置から軽いオモリの仕掛けを投入することが必須条件だ。

釣行記録

2023年9月24日に釣行した。暑さのため1時間ほどしか釣りが出来なかったが、浅いポイントでは拾い釣りで数を稼ぎ、中村化成工業前では少し数がまとまった。トータルで4㎝から10㎝クラスまで21尾。浅いポイントではミニサイズ、中村化成工業前ではお兄ちゃんサイズが釣れた。

有河のホソは以前と比べると浅い釣り場になってしまったが、小ブナの多さはお墨付きといってもよいだろう。

現地へのアクセス

車 常磐道・土浦北ICを降り、R125、354経由で霞ヶ浦大橋手前を右折して県道118号石岡田伏土浦線に入り、中村化成工業を越えた辺りで霞ヶ浦湖岸方面に入る。

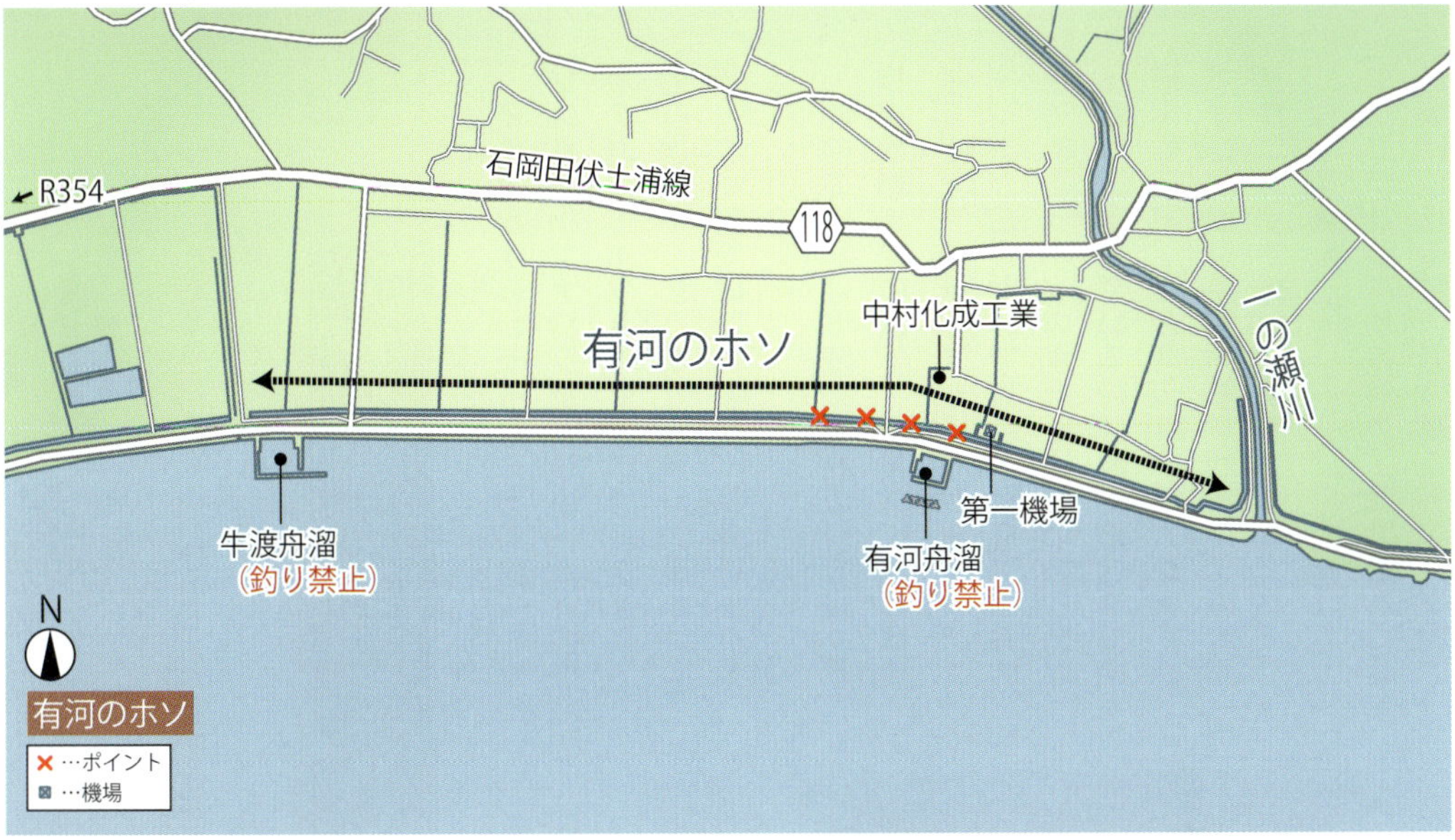

中村化成工業周辺

このサイズが多い

1時間の釣果

一荷できた

房中のホソ

小ブナ

おすすめシーズン
8~10月

1月
2月
3月
4月
5月
6月
7月
8月
9月
10月
11月
12月

ゲストフィッシュ
カマツカ、クチボソ、テナガエビ、モロコ

人気釣り場に挟まれ素通りしがちなホソ。ササニゴリなら期待

茨城県かすみがうら市にある房中《ぼうじゅう》のホソは秋の小ブナ釣りが楽しい。人気釣り場の崎浜のホソと牛渡のホソに挟まれて通り過ぎてしまうことが多く、確かに両者よりも釣果は落ちるが、意外と小ブナは多いのである。

房中のホソは赤塚機場周辺から霞ヶ浦揚水機場までの間で、全体的に水深は浅くボサ等で埋まっている個所も多い。ポイントが広いわけではないので少人数向きである。ホソの水況を見ての釣りとなるが、安定しているのは赤塚機場や房中機場周辺で、この周辺は小ブナが多く好ポイントといえる。基本的にホソの水がササニゴリであれば期待できる。

ねらう場所はホソの支柱や小橋の下、ホソにかかるボサの周辺、機場の近く等が挙げられるが、何の変哲もない平場でも意外と小ブナが釣れる。

房中のホソ

数珠シモリ仕掛けの探り釣りがよく、サオは2m前後の小ものザオもしくは7尺の小ブナザオ。ハリは袖1号で上バリと下バリの2本バリ(イッテコイ式でも可)が効果的。エサは赤虫。

釣期は8~10月で、この時期の小ブナは食いが活発だ。仕掛けを投入して10秒待ってもアタリが出ない場合は、誘いを入れるかピックアップして仕掛けを違うポイントに投入し直そう。

釣行記録

2023年9月24日、暑い一日だったので1時間の釣りで終了したが、赤塚機場周辺を探って15尾。

今も多くのホソで小ブナ釣りが楽しめる霞ヶ浦は、やはりポテンシャルが高いと感じる。房中のホソは探り甲斐のある小ブナ釣り場である。

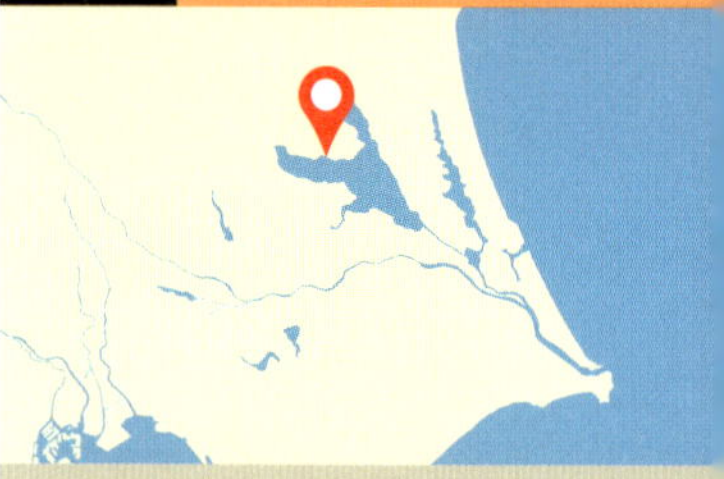

現地へのアクセス

車 常磐道・土浦北ICで降り、R125、354経由で霞ヶ大橋手前を右折して県道118号石岡田伏土浦線に入り牛渡周辺から湖岸方面に入る。霞ヶ浦揚排水機場を目標にするとよい。

1時間の釣果

場所によっては浮草で覆われているところもある

テナガエビも遊んでくれた

定番ゲストのクチボソ

カマツカも姿を見せた

茨城県土浦市

石田新水路

小ブナ

おすすめシーズン　9～10月

1月
2月
3月
4月
5月
6月
7月
8月
9月
10月
11月
12月

ゲストフィッシュ　クチボソ、コイ、モロコ

アタリがなければ誘いも有効、コイが多い時は縦ホソにエスケープ

茨城県土浦市石田にある石田新水路は２００４年以降コンクリート化され、三面護岸の水路となった。改築されてから20年余りが経ち、２０２４年秋現在は多くの魚が確認できている。そして、秋の小ブナ釣りが面白い。

水路は境橋先から道路に沿って石田排水樋管方面に続いている。三面護岸だがところどころ雑草が被り、よい雰囲気を出している。道路の反対側はハス田で、ハス田の水を落とす縦ホソ、ハス田に架かる小橋とポイントが点在する。またホソの底には起伏があり、小深く掘れた場所もあるので探り甲斐があって面白い。

難点はコイが非常に多いことである。かなりの確率で50㎝級のコイがヒットし、細い小ブナ仕掛けだと仕掛けが壊されてしまうこともしばしばだ。コイはこれ以上勘弁！と思う時は、砂利道の横を流れる縦ホソがあるのでここを釣ってみるとよいだろう。幅50㎝ほどの側溝だが、

コンクリート化されて20年余り、いい感じになった石田新水路

ハス田からの水の落とし口や砂利道の奥にある桝《ます》がポイント。よい時はこの細い流れで数を稼ぐことが出来る。ただしここにも多少コイは入り込んでくるので気を付けて！

タックルは、2m前後の小ものザオもしくは7尺の小ブナザオにミチイト0・4号をサオいっぱいに取り、羽根ウキを8～10個通した数珠シモリ仕掛け。ガン玉5号で仕掛け全体がゆっくりと沈む遅ジモリバランスに仕上げる。ハリは袖1号ハリス0・4号5㎝で、上バリ下バリの2本バリ仕掛け。エサは赤虫。

ねらったポイントに仕掛けを投入してオモリが着底したら、すぐにチョンチョンとアタリが出るイメージで釣りをする。

10秒ほど待ってアタリがなければ、誘いをかけたり仕掛けを少し移動したりし

現地へのアクセス

車 常磐道・土浦北ICを降り、R125、354を霞ヶ浦方面に走り木田余跨線橋東交差点を右折。１つめ信号手前を左折して石田のホソ方面へ行き、境川に架かる境橋を渡ると左側が石田新水路。

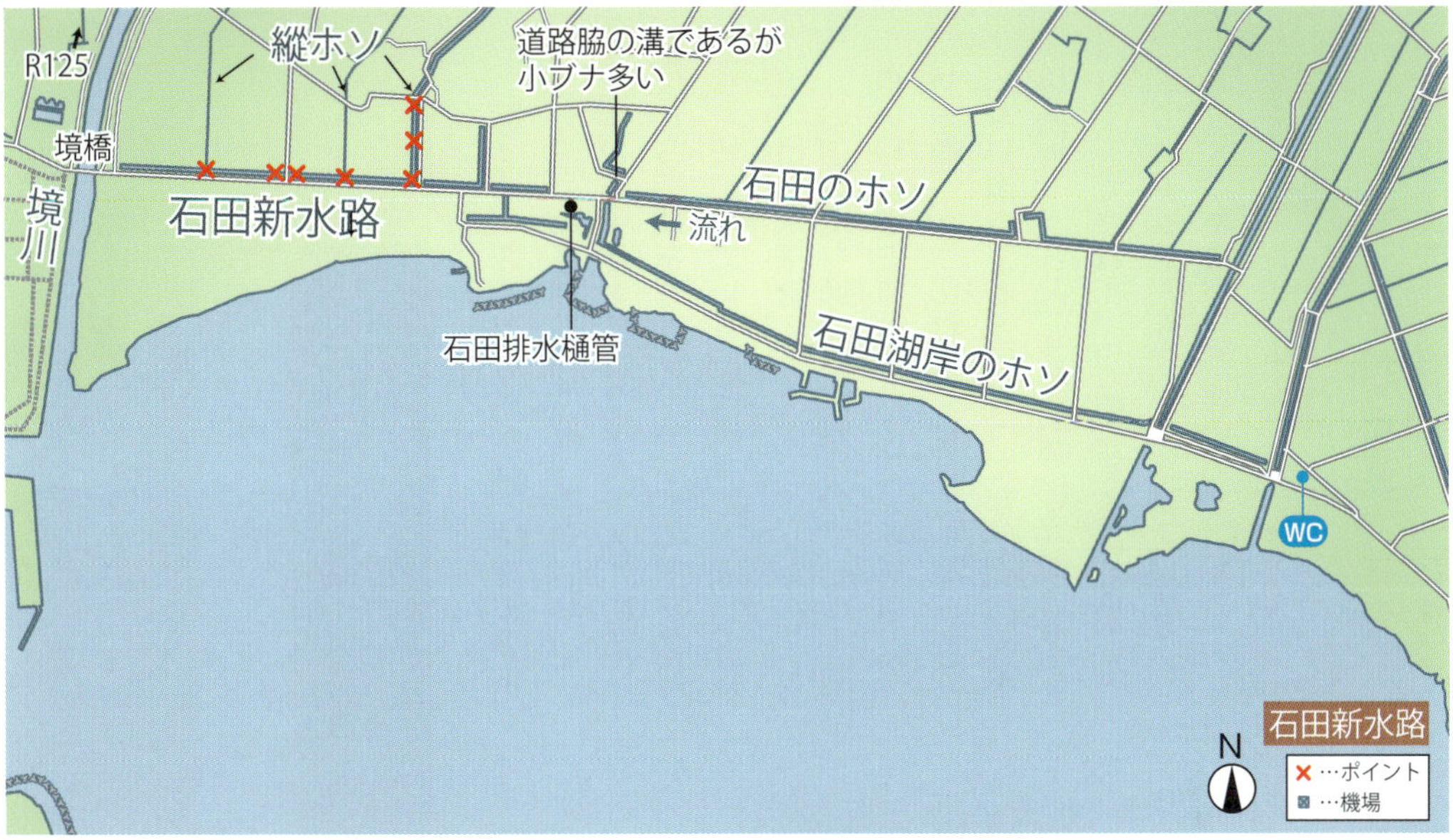

縦ホソのポイントを釣る

境川寄りの流れ

縦ホソのようす

釣果（コイに注意！）

て小ブナの食い気を促すとよい。

釣行記録

2024年9月7日、2時間の釣りで5～10㎝の小ブナが25尾。新水路ではパラパラと釣れる程度であったが、砂利道脇の縦ホソではプチ入れ食い。自然の回復力を感じた秋の一日であった。

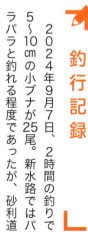

茨城県土浦市

石田のホソ

小ブナ

おすすめシーズン
9〜10月

月	
1月	
2月	
3月	
4月	
5月	
6月	
7月	
8月	
9月	●
10月	●
11月	
12月	

ゲストフィッシュ
クチボソ、コイ、モロコ

西浦・石田湖岸有望3ホソの1つ、マル秘ポイントもアリ

霞ヶ浦・西浦の石田湖岸には有望なホソが3つある。平成版『困った時はココ！東京近郊キラキラ釣り場案内60』で紹介した石田湖岸のホソ、今回秋の小ブナ釣りで紹介している石田新水路、そして石田のホソである。

石田のホソは、石田湖岸のホソの1本奥の農道脇を流れるハス田の水を落とす排水路。かつてはコンクリート化されていない趣のある水路だったが、石田新水路同様、2004年以降に三面コンクリート化された。以前は僕もよく小ブナ釣りに来たのだが、改築後はよい思いもしなかったので足が遠のいていた。

釣行記録

そんな折、昔の釣り場集に「石田のホソは奥の大津新堀寄りがよい」と書いてあったことを思い出した。2024年9月7日に石田新水路で小ブナ釣りを楽しんだ後、石田のホソを釣ってみると大当たり。石田排水樋管寄りは流れも速く、石田新水路と同様コイも多い。ところが大津新堀寄りは適度な流れで、クランクあり縦ホソ合流点ありとポイントが目白押し。やっかいなコイもかなり少ない。加えて石田のホソの一番奥なのでねらう人もほとんどなく独占状態。この日は1時間半の釣りで小ブナ30尾。翌8日も釣行し1時間余りで25尾の釣果であった。石田のホソもまだまだ健在だ。

石田湖岸で有望3ホソの1つ、石田のホソ

仕掛けは2m前後の小ものザオもしくは7尺の小ブナザオに、遅ジモリバランスに調節した羽根ウキ・2本バリの数珠シモリ仕掛け。エサは赤虫。

ねらうポイントはクランク、暗渠《あんきょ》の出入口付近、縦ホソの合流点、ハス田から水が落ちる場所等。仕掛けを入れるとすぐにアタリが出るはず。また何の変哲もない平場でも釣れる。平場ではアタリが

現地へのアクセス

車 常磐道・土浦北ICを降りR125、354を霞ヶ浦方面に走り手野町西交差点を右折して直進すると石田排水樋管付近に出る。農道は農家の方のための道路なので迷惑駐車等のないように。

縦ホソ合流点

大津新堀寄りの釣り場

ここもポイントの1つ

一荷もあった

小ブナの魚影はかなり多い

すぐ出ることは少ないので20～30秒待つとよい。ウキがクックッと引き込まれるはずだ。小ブナの魚影はかなり多いので楽しい釣りが期待できる。

なお、石田排水樋管近くの道路の歩道脇にある側溝は、状況がよければ小ブナが入れ食いになることもあるマル秘ポイント。2024年はパラパラしか釣れなかったが、2022年秋は1時間で28尾釣れている。

千葉県富津市

湊川

ハゼ

おすすめシーズン 7月下旬〜10月上旬

1月
2月
3月
4月
5月
6月
7月
8月
9月
10月
11月
12月

ゲストフィッシュ チンチン（クロダイの幼魚）

4・5mクラスの渓流ザオにミャク釣りで良型の引きを満喫

千葉県富津市を流れる湊川はクロダイやシーバスの釣り場として人気だが、小もの釣りのターゲットであるハゼも大変面白い。7月下旬からハゼは釣れるが、9月以降になると型もよくなるのでおすすめは秋の釣行である。同じ千葉県内房の釣り場でも木更津周辺の時速60尾には遠く及ばないが、サイズがよいのでハゼが掛かった時の引き味は非常に楽しい。

ポイントは内房線の鉄橋付近から上流は神田橋までがよい。内房線の鉄橋から湊橋の間の両岸、神田橋周辺の左岸は護岸で、階段もしくはスロープで降りられる。ただし潮位の高い時は水没してしまうので注意が必要。護岸されていない場所は干潟になっていて足が埋もれてしまう可能性があるので、長靴を着用する等の装備が必要だ。

神田橋下流側

足場のよい護岸から釣りをするなら干潮時がよい。下げ7分〜上げ3分がねらいで、神田橋周辺左岸がミオ筋になっていて干潮時でも水深がある。橋上流は神田橋川面親水公園の階段から、橋下流はスロープがあり、それぞれ護岸に降りることが出来る。

釣り方は2m前後のスピニングタックルのチョイ投げでもよいが、4・5mの渓流ザオでミャク釣りが引きを楽しめて面白い。フロロカーボン1号もしくはPEライン0・6号をサオいっぱいに取り、中通しオモリ0・5〜0・8号を通し自動ハリス止を結ぶ。ハリはハゼライト6号ハリス5㎝。エサはアオイソメ。フグが多いのでハリは多めに持参すること。

仕掛けを沖に振り込み、オモリが着底したらイトを張る。アタリはダイレクト

現地へのアクセス

電車 JR内房線上総湊駅下車。駅を出て直進しR127を右折。徒歩15分ほどで湊川に架かる湊橋に出る。

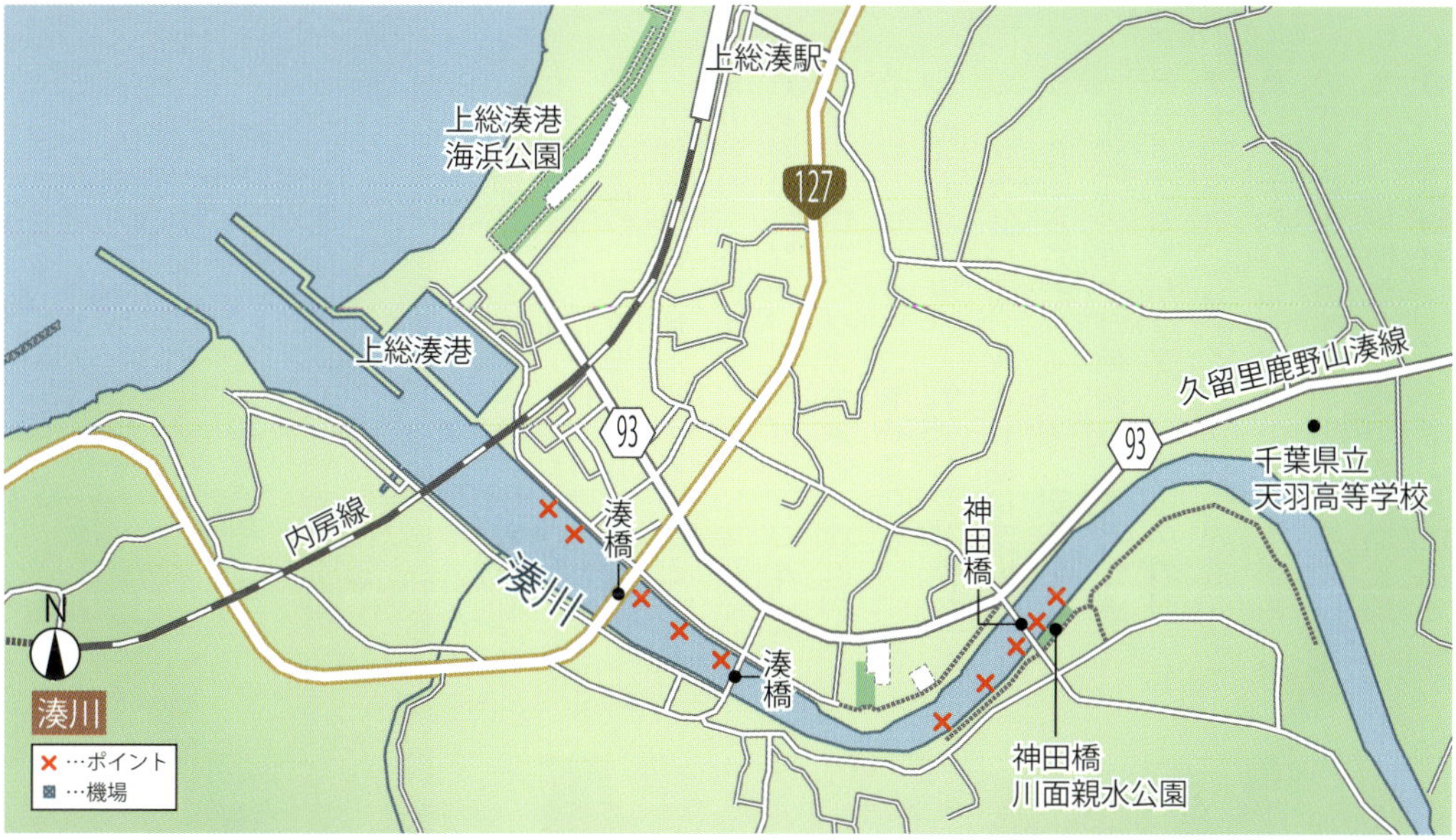

湊橋下流側

湊橋から上流を見る

神田橋川面親水公園前

干潮時のようす

型がよくなる９月以降の釣行がおすすめ

にコツッやコンッとくるので軽くサオを立てて合わせよう。15㎝級が掛かるとキューンと引き込まれて実に楽しい。

アタリの出方は早いが基本。オモリ着底後10秒が勝負だ。アタリが出ない時は少しずつ手前に引いてくる。

釣行記録

2024年7月21日に神田橋川面親水公園前で釣りをした。7月だったので大型とまではいかなかったが、それでも10～12㎝がよい引きを楽しませてくれた。猛暑のため1時間の釣りであったが12尾のハゼのほかフグ多数。秋本番ともなれば大きくなったハゼがサオを絞ってくれることだろう。

元淵江公園

クチボソ、モロコ、マブナ、テナガエビ

おすすめシーズン　ほぼ通年

1月	2月	3月	4月	5月	6月	7月	8月	9月	10月	11月	12月

ゲストフィッシュ　コイ、ヘラブナ

ターゲットは選り取り見取り、遊具もある公園の池

東京都足立区保木間《ほきま》2丁目の足立区立元淵江《もとふちえ》公園は、釣り池のほかに生物園や遊具があり、家族連れで楽しめる。

釣り池は橋を挟んで小さい池と大きい池があり、池同士がつながっている。釣れる魚はマブナ、ヘラブナ、コイ、クチボソ、モロコ、テナガエビ。僕は釣ったことはないがタナゴもいるらしい。釣り人には小さい池が人気でヘラブナねらいの人が大勢いる。大きい池は空いているが、こちらも釣れるのでご安心を。

元淵江公園では何釣りをするか迷うほどターゲットが豊富。一番多いのがヘラブナ釣りで、次が小もの釣り。赤虫を使ったマブナ釣りも面白いのでおすすめ。その赤虫にテナガエビが何度も掛かってきたので、専門にねらうのもよいと思う。

●小もの釣り　1・2～1・5m小ものザオに感度のよい親ウキと糸ウキを組み合わせた連動シモリ仕掛け。ハリはタナゴバリ（極タナゴ、流線等）。浮力は水面下でウキが止まるゼロバランスに調節する。エサはグルテン。

大きいほうの池

手前は浅くやや沖、底が見えない辺りをねらうとよい。はじめは少し大きめに付けたグルテンをテンポよく打ち込み魚を寄せる。クチボソやモロコが主体でヘラブナやマブナも掛かるから油断禁物。タナゴも釣れるかもしれない。

●マブナ釣り　3・6m渓流ザオに遅ジモリバランスに調節したシモリ仕掛け。ハリは袖5号ハリス0・8号10㎝。エサの赤虫はたっぷりと装餌しよう。

大きい池は比較的空いており探り釣りが出来る。池中央に水を循環させる装置があり、その周辺がポイント。ていねい

現地へのアクセス

車　都心よりR4を谷塚方面へ。竹の塚交差点を右折すると左側に元淵江公園がある。駐車は周辺のコインパーキングを利用。

電車　東武スカイツリーライン竹ノ塚駅下車、東口に出て大通りを直進。

池の利用ルールを記した看板

テナガエビも釣れる

小もの釣りではクチボソが主役

小ものザオに掛かったフナ

遊具や生物園もある

に探るとマブナやコイがヒットする。玉網も忘れずに。

●**テナガエビ釣り**　2m前後の小ものザオに玉ウキかシモリ仕掛け。2〜3本サオを並べるとよいだろう。エサは赤虫。

釣行記録

2024年10月20日、大きい池ではじめは小ものねらい。クチボソ、モロコ、ヘラブナ、テナガエビ等が出た。午後からはマブナねらいの探り釣りに変更し、25㎝のコイや24㎝のマブナ、テナガエビとこちらも楽しい釣りとなった。

周年釣りが出来るが秋が一番楽しい。各々の好きなスタイルで釣りを楽しんでもらえたら幸いだ。

東京都品川区

勝島運河

ハゼ

おすすめシーズン
9~10月

1月
2月
3月
4月
5月
6月
7月
8月
9月
10月
11月
12月

ゲストフィッシュ
ダボハゼ、チンチン（クロダイの幼魚）

石と石の間をミャク釣りで探る。干潮時ねらいがおすすめ

東京都品川区東大井にある勝島運河は、ハゼの魚影が多い京浜運河とつながっている。一番人気は鮫洲橋周辺で常に釣り人がいる。実は僕のお気に入りのポイントも鮫洲橋上流左岸なのである。

勝島運河は早ければ6月から釣りになるが、僕は9~10月がベストシーズンだと思っている。釣り場は護岸に階段があり、その先がゴロタ場となっている。ねらうポイントはゴロタ石の間で、石と石の間隔が空いている場所が釣りやすい。

京浜運河とつながっているので潮の干満の影響を受ける。通常は上げ潮時にハゼが岸寄りに接岸してくるのでねらい時は満潮時なのだが、勝島運河では満潮時はゴロタ石が潮を被ってどこが石と石の間なのか分からなくなってしまう。そのため、潮が引いた時のほうがねらいどころを見極めやすい。下げ4分から上げ4分がおすすめだ。この潮時なら階段下まで水が引いているはずで、ゴロタ石の上に乗って釣りをすることになる。濡れているゴロタ石は滑りやすいので注意が必要だ。

花に彩られた勝島運河

干潮時でも短いサオで問題なく、ミャク釣りで釣ると数が伸びる。2~2・4mの小ものザオもしくはハゼザオにミチイト1号をサオいっぱいに取り、0・5号中通しオモリを通して自動ハリス止を結ぶ。ハリはハゼライト6号ハリス5㎝。エサはアオイソメのほか、マルキユーはゼホタテも有効だ。

釣り方は、石と石の間に仕掛けを落とし込んでいく。オモリ着底後、軽くイトを張ると食い気のあるハゼがすぐに食ってくるはずだ。ダイレクトに手元にコ

現地へのアクセス

電車 京浜急行線鮫洲駅下車。東口に出て勝島運河まで徒歩10分ほど。

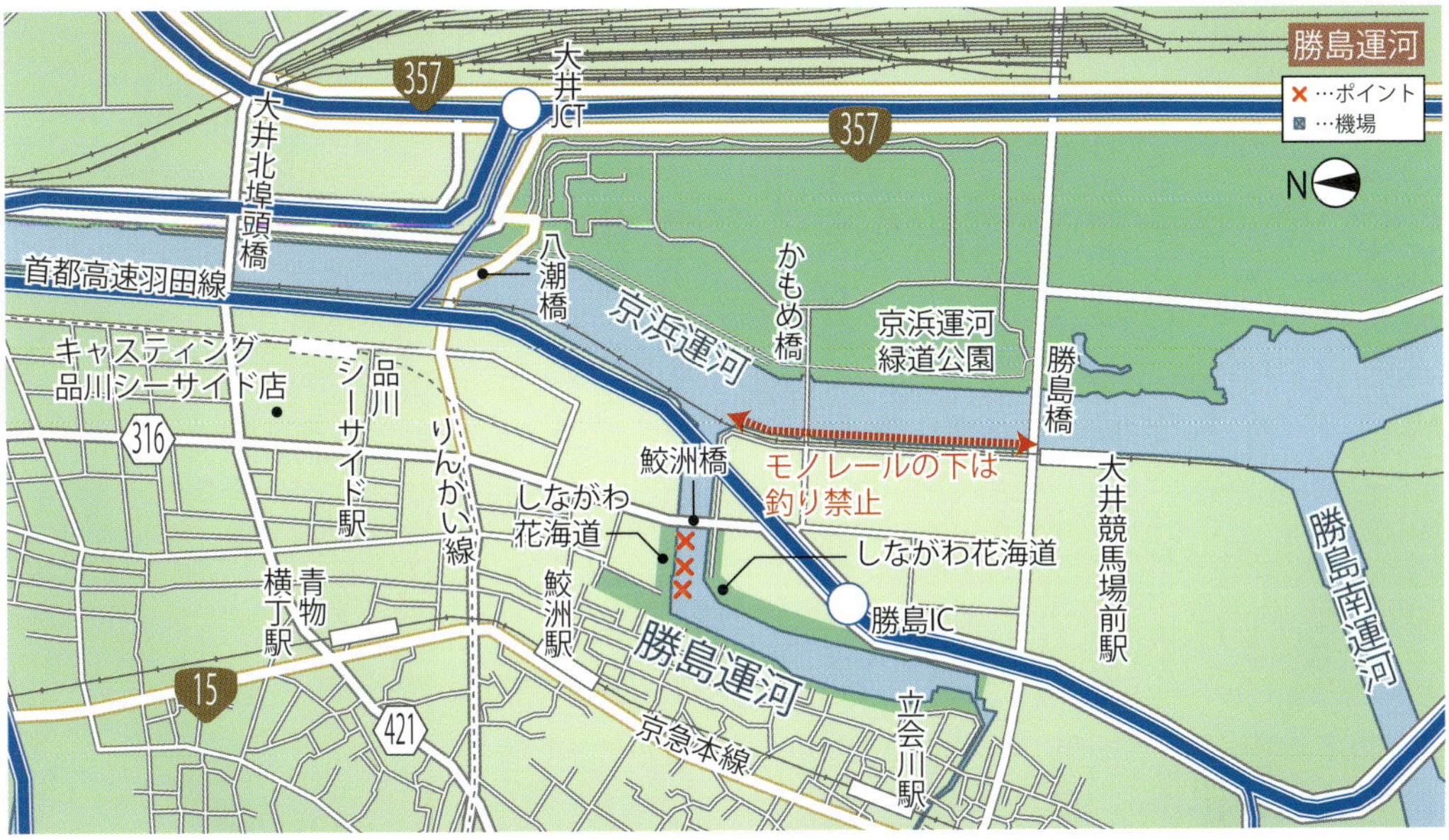

良型が期待できる

鮫洲橋上流左岸

2023年10月の釣行では小型が多かった

周辺にはいろいろと見どころがある

ンッやコツッと小さくくるのがよいアタリで、ブルブルッと派手にくるものはハリ掛かりが悪い。

ねらったポイントでアタリがなかったり、釣れてもダボハゼだったりする場合はポイントを変えよう。

釣行記録

2023年は2回勝島運河に釣行した。9月18日は12～13㎝主体で1時間30分の釣りで50尾。10月1日は10㎝級が主体で2時間52尾の釣果であった。

勝島運河の周りは四季の花で彩られたしながわ花街道と呼ばれ、色とりどりの花が大変きれいで気持ちがよい。秋の花で彩られた風景の中でハゼ釣りを楽しんでみませんか？

運河パーク万国橋周辺

ハゼ

おすすめシーズン
9月下旬～11月上旬

1月
2月
3月
4月
5月
6月
7月
8月
9月
10月
11月
12月

異国情緒漂う景色に溶け込み長ザオで良型の引きを味わう

ゲストフィッシュ
ダボハゼ、チンチン（クロダイの幼魚）

みなとみらい周辺を歩くことが大好きな僕は、秋が来るとうずうずしてくる。目的はハゼ釣りとみなとみらい周辺の散策。異国情緒漂う風景でのハゼ釣りがたまらなく好きなのだ。釣りを楽しんだ後はぶらぶらと周辺を散策し、どこで食べるかをその日の気分に任せて決められるのもみなとみらいならでは。

みなとみらい地区のハゼ釣り場は意外と多い。秋ならば運河パークの近くにある万国橋周辺がおすすめだ。観光地なので釣りの制約も多い。投げ釣りは禁止だし立入禁止の場所もある。注意事項を守って安全に釣りを楽しんでいただきたい。

運河パークでは以前ハゼを釣ったことがあるが、現在はヨコハマエアキャビンが出来たこともあり人が大変多い。

よこはま新港合同庁舎前

僕がおすすめするのは万国橋下流左岸にある、よこはま新港合同庁舎前である。みなとみらい地区の中では人通りが少ないうえに、テラスになっているので安全に釣りが楽しめる。

先にも述べたように投げ釣りは禁止されているので、6～7mの渓流ザオがよい。慣れないと取り回しが難しいかもしれないが、長ザオでハゼを掛けた時のキューンッという感覚は、他のサオでは味わえない楽しさがある。

ミチイトはPEライン0・6号を使いアタリ感度を上げるとよい。オモリは1号、ハリは渓流6～7号ハリス15㎝。エサはアオイソメを房掛けにしてボリュームを持たせるとアピール力が上がる。

仕掛けを沖めいっぱいに振り込み、10～15秒待ってアタリがなければ少しずつ

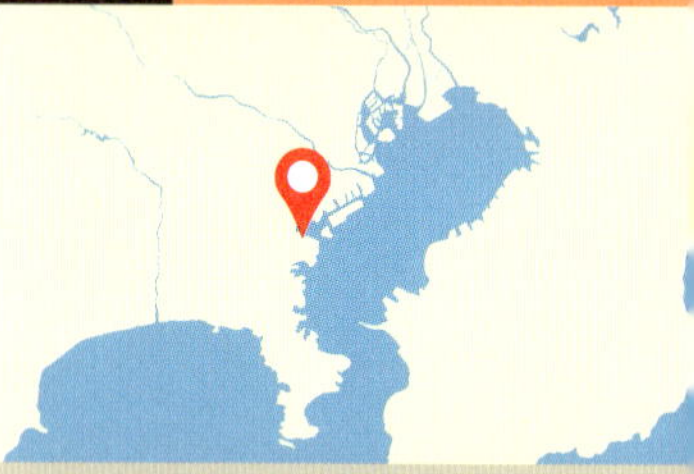

現地へのアクセス

電車 みなとみらい線馬車道駅下車。6番出口を出て万国橋へ。

汽車道

運河パークからランドマークタワーを望む

よい引きをみせてくれた良型

水陸両用バス（スカイダック横浜）も走る

手前に引いて探ってくる。釣れる時はアタリの出方が早く、オモリ着底後すぐと思ってよい。アタリがなければ少しずつ移動して探ることが大切だ。

　人通りが少なくても散歩する人はいるので注意してほしい。また、頭上の木の枝にも注意が必要。

釣行記録

　2024年は9～11月にかけて3回運河パークからよこはま新港合同庁舎前を釣り歩いたが、記録的猛暑の影響なのかパッとしなかった。型はよかったのだが数は不満の残る年であった。

　悪い時もあればよい時もある。異国情緒漂う景色の中でハゼ釣りを楽しんでみませんか?

●釣り場情報等　上州屋関内店（TEL045・663・2622）。

神奈川県横浜市

大岡川

ハゼ

おすすめシーズン 9～11月

月
1月
2月
3月
4月
5月
6月
7月
8月
9月
10月
11月
12月

ゲストフィッシュ
ウロハゼ、ダボハゼ、チンチン（クロダイの幼魚）

県内有数の魚影の多さ、チョイ投げタックルで手軽に釣り散歩

神奈川県横浜市南区～中区を流れる大岡川は神奈川県内有数の魚影の多いハゼ釣り場である。秋になると毎年通い詰めたくなるほどで、高い護岸と柵越しの釣りとなるが、それも苦にならないほどの楽しい釣り場である。

ハゼは大岡川全域で楽しめるが、現在僕がおすすめしたい場所は京浜急行線黄金町駅周辺である。太田橋から道慶橋までの間が釣りやすく、特に右岸側がよい。川沿いが桜並木となっているので桜の木の間を釣る。また、黄金町周辺は比較的人通りが少ないが歩道からの釣りとなるので、通行人や車には充分に注意して楽しんで頂きたい。

ベストシーズンは9月から11月で、それこそどこにでもハゼがいるのではないかと思うほどの魚影である。

栄橋上流右岸

僕は5・3～7m渓流ザオのミャク釣り仕掛けで楽しんでいるが、2m前後のスピニングタックルのチョイ投げが手軽だ。サオはウルトラライトアクションが食い込みがよいと思う。スピニングリールには0・6号のPEラインを巻いておくと感度がよい。キス用テンビンにオモリ1号の組み合わせ。ハリはキス用の50本連結を2本ずつカットして使う。エサはアオイソメ。

仕掛けを遠くに飛ばす必要は全くない。自分の目の前に下から軽く振り込むだけで充分釣れる。アタリはすぐにコツッやコンッと手元に伝わる。反応がなければ少しずつ仕掛けをサビいてきて、アタリがあれば軽く合わせるとハリ掛かりする。ハゼのサイズは10～14㎝。

釣行記録

2024年11月4日、みなとみらい周辺で釣りをした後の夕方1時間15分、大

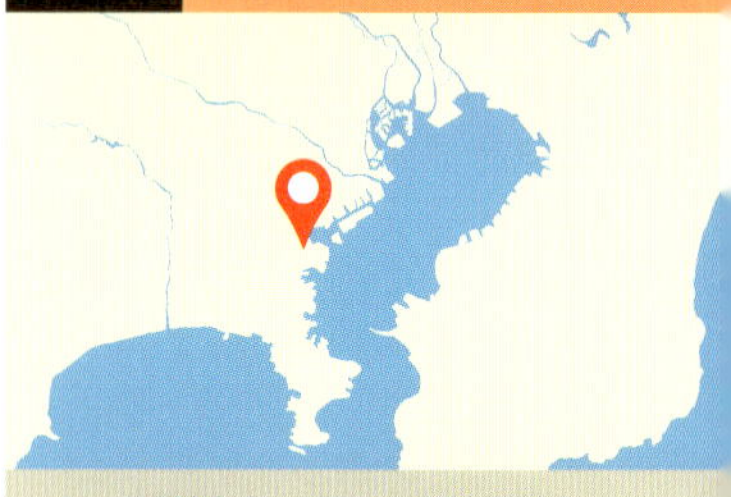

現地へのアクセス

電車 京浜急行線黄金町駅下車。改札を出て右手に行くとすぐに大岡川。

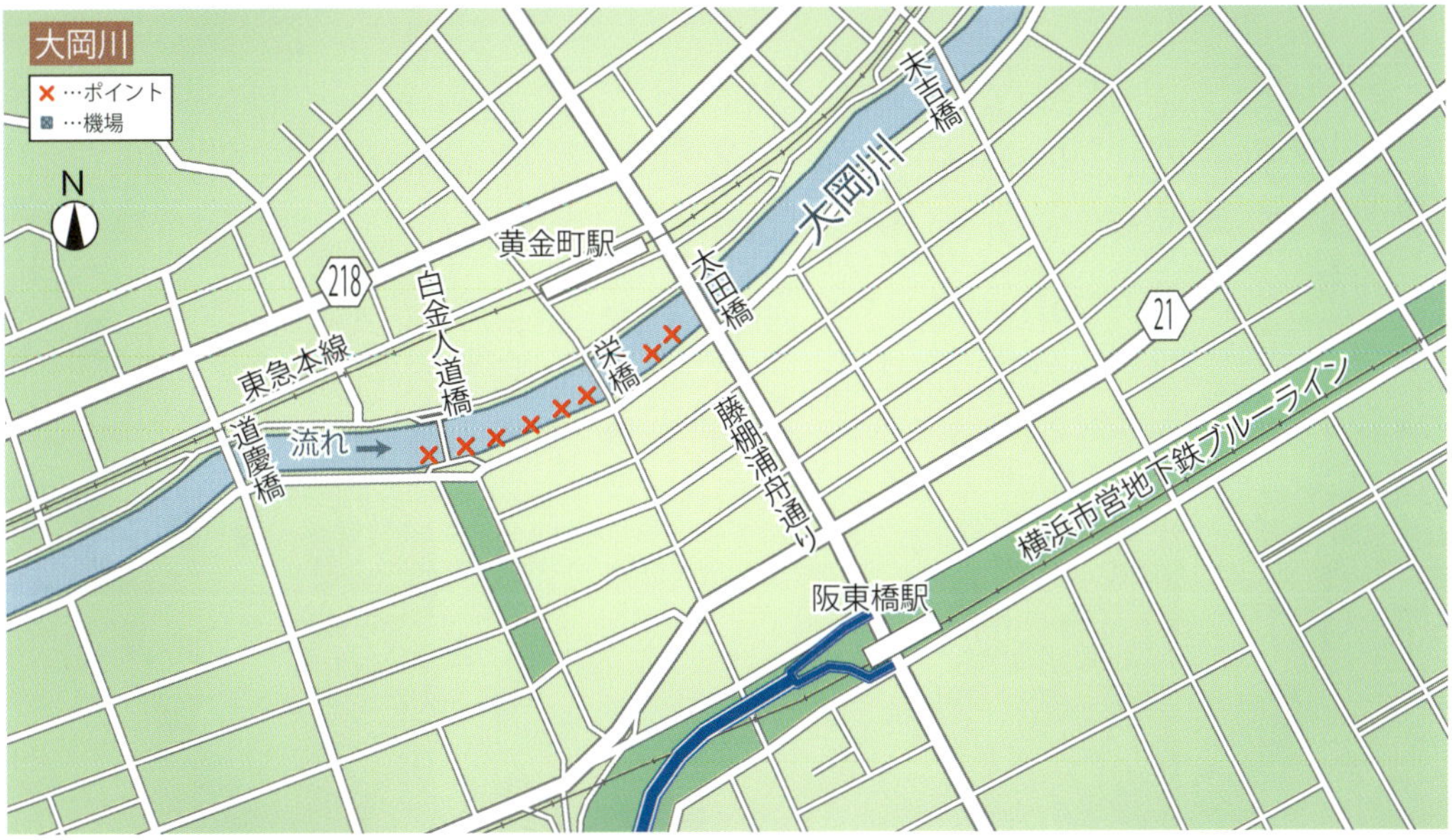

このサイズが多い

チョイ投げタックルがおすすめ

栄橋から白金人道橋の間

ウロハゼもきた

2024年11月の釣果

チンチンも元気な引きで楽しませてくれる

岡川黄金町周辺で37尾の釣果。この日は栄橋から白金人道橋までの間がよく釣れた。秋の大岡川黄金町周辺のハゼ釣りは本当に楽しいですよ！

●釣り場情報等　上州屋関内店（TEL045・663・2622）。

神奈川県横浜市

野島公園

ハゼ

おすすめシーズン 8〜9月

1月
2月
3月
4月
5月
6月
7月
8月
9月
10月
11月
12月

ゲストフィッシュ
シロギス、チンチン（クロダイの幼魚）

釣り以外の楽しみも多い！ ハゼは良型が期待できる

神奈川県横浜市金沢区にある野島公園。海と平潟湾に囲まれた緑豊かな公園で、野島公園バーベキュー・キャンプ場の前がハゼ釣り場である。干潮時は水が引いて少なくなってしまうので、上げ6分〜下げ4分を釣るとよいだろう。特に上げ潮時はハゼが岸寄りに近づいてくるのでねらいめだ。

藻がある場所は根掛かりして釣りづらい。水面が黒っぽく見えるような場所は藻があると思ってよい（偏光グラスをかけるとよく見える）。

野島公園では投げ釣りが禁止されているので、渓流ザオを使ったミャク釣りでねらう。サオは3・6〜4・5m。ミチイトはフロロカーボン1号もしくはPEライン0・6号。中通しオモリ0・5号を通して自動ハリス止を結ぶ。ハリはハゼライト6〜7号ハリス5㎝。

ハゼは比較的型がよく12〜15㎝が釣れる。外道にシロギスやチンチンも混じることがある。

ものすごく魚影が多い釣り場ではないのでアタリは少ないかもしれないが、それでも釣れる時は仕掛けを投入するとすぐアタリが出る。根気よく、テンポよく探り歩いて良型のハゼを釣ってほしい。

よく整備されたキャンプ場前

釣行記録

2023年9月18日、夕方の満潮時ねらいを3・6mザオのミャク釣りで1時

現地へのアクセス

電車 金沢シーサイドライン野島公園駅下車。野島橋を渡って野島公園へ。釣り場まで徒歩15分ほど。

早い季節から良型も出る

公園の奥は海に面している

展望台からの
眺めは絶景

バーベキュー場もある

間探り歩いた。釣果は時速10尾とやや少なかったが、底に張り付くような強い引きを堪能した。

　野島公園には展望台、野島海岸、バーベキュー場、野島貝塚などがある。特に展望台は360度を見渡せる絶景ポイントで、高台まで歩いて上るのはちょっとキツイかもしれないけれど価値のある場所だ。

　平潟湾の自然豊かな野島公園でハゼ釣り+αを楽しんでみませんか？

滝の城址公園

タナゴ

おすすめシーズン 9~10月

月
1月
2月
3月
4月
5月
6月
7月
8月
9月
10月
11月
12月

ゲストフィッシュ
クチボソ、コイ、ヘラブナ、マブナ、モロコ

本命以外の魚種も多彩、ハス周りや小さなくぼみをねらう

埼玉県所沢市城にある滝の城址公園は柳瀬の城地区にある城址で、運動場やテニスコート、野球場がある。その公園東側にある小さな池が釣り場。生息しているのはタナゴ、マブナ、ヘラブナ、コイ、クチボソ、モロコ等で、思いのほか魚影は多い。

タナゴが釣れる池なので大変人気があり、休日ともなると大勢の釣り人が訪れる。池の中央付近を囲うようにハスが繁茂し、ハスの周りや少し小深くなった場所がタナゴポイントだ。水深は極めて浅く10~30㎝といったところ。偏光グラスで底を見ると少しくぼんでいるような場所が分かるはずだ。このような場所を見つけるとよい。またヒラを打つタナゴの姿も確認出来る。

こぢんまりとした池が釣り場

仕掛けは80㎝~1mのタナゴザオに感度のよい小型親ウキ+糸ウキを組み合わせた連動シモリ仕掛け。親ウキが水面下で止まるゼロバランスにしないとアタリが出ないので、しっかり調節したい。ハリはがまかつ極タナゴ、ささめ針新虹鱗タナゴ。エサはグルテン。タナは底スレスレ。

まず少し大きめにエサ付けをして打ち込んで魚を寄せる。ウキに変化(アタリ)が出始めたらエサ付けを小さくしてアタリを取りにいく。はじめはクチボソやモロコが食ってくるかもしれないが、タナゴが寄ってくるとタナゴのアタリに変わってくるはず。タナゴのアタリは小さくツッとウキが入る。

浅い水深でも大きなコイが悠然と泳いでいるし、型のよいフナも多い。水深が浅く大きな魚が掛かるとポイントが荒れ

現地へのアクセス

車 関越道・所沢ICを降りR463を所沢方面へ。亀ヶ谷交差点を左折してオリンピック道路で柳瀬川を目差し直進。武蔵野線の線路を越えて本郷交差点を左折し滝の城址公園方面へ。

電車 西武池袋線清瀬駅より台田団地行バスで終点下車。旭が丘通りを左折し柳瀬川に架かる城前橋を渡ると右側が滝の城址公園。

本命のタナゴ

ポイント例

てしまうので気を付けよう。

釣行記録

2024年10月27日、午前9時から10時30分まで1時間半の釣りでオカメタナゴ4尾、小ブナ3尾、ほかクチボソ、モロコの釣果。かつては束釣りも楽に達成出来たそうだが、現在は10～30尾の釣果といったところ。連日多くの釣り人にねらわれてかなりスレているが、貴重なタナゴ釣り場といえよう。

マブナもきた

公園のルールとマナーを守って楽しく釣ろう

栃木県下野市

姿川

ヤマベ

おすすめシーズン
9~10月

1月
2月
3月
4月
5月
6月
7月
8月
9月
10月
11月
12月

ゲストフィッシュ
ウグイ

束(100尾)超え可能、魚影の多さを毛バリで堪能

現地へのアクセス

車 北関東道・壬生 IC を降りて蔓巻公園を目的地に南下する。

栃木県下野《しもつけ》市を流れる思《おもい》川支流 姿《すがた》川は、ヤマベの魚影が抜群に多い清流である。蔓巻《つるまき》公園周辺が釣りやすくて面白い。秋、周辺の田園風景が黄色く色付く頃がベストシーズン。蔓巻公園前の堰堤下流から宮前橋までが好ポイントで、ヤマベはどこにでもいるのではないかと感じるくらいたくさんいる。

流れのある瀬が続き、川幅があるので毛バリの流し釣りがよい。ウエーダーを履いて流れに立ち込めば、全面がポイント?と思うほどよく釣れる。

3・9mのハエザオ(ヤマベザオ)に市販の毛バリ仕掛けをセットして準備完了だ。毛バリ仕掛けには5~7本の毛バリが付いていると思うが、できれば7本バリのほうが少しでも広く毛バリを流せるのでよいと僕は思う。

蔓巻公園前の流れ

川に立ち込み仕掛けを投入すると、すぐにヤマベが毛バリに飛びついてくるはず。アタリがたくさんある割にハリ掛かりしないのがヤマベの毛バリ釣りだ。ハリ掛かりしなかったヤマベは毛バリを見切ってしまうので、アタリがあったからといって同じ流れを何度も流してはいけない。1歩でも下流に動いてハリ掛かりしやすいヤマベを釣ることを勧める。素直に毛バリに飛びついてくるヤマベを釣ることが数を伸ばすコツなのだ。

釣行記録

2023年10月8日、午前9~11時の間、蔓巻公園前から宮前橋上流まで釣り下った。開始から入れ食い状態で104尾と束超え、大変楽しい釣りであった。爆釣をもう一度と2024年も9月16

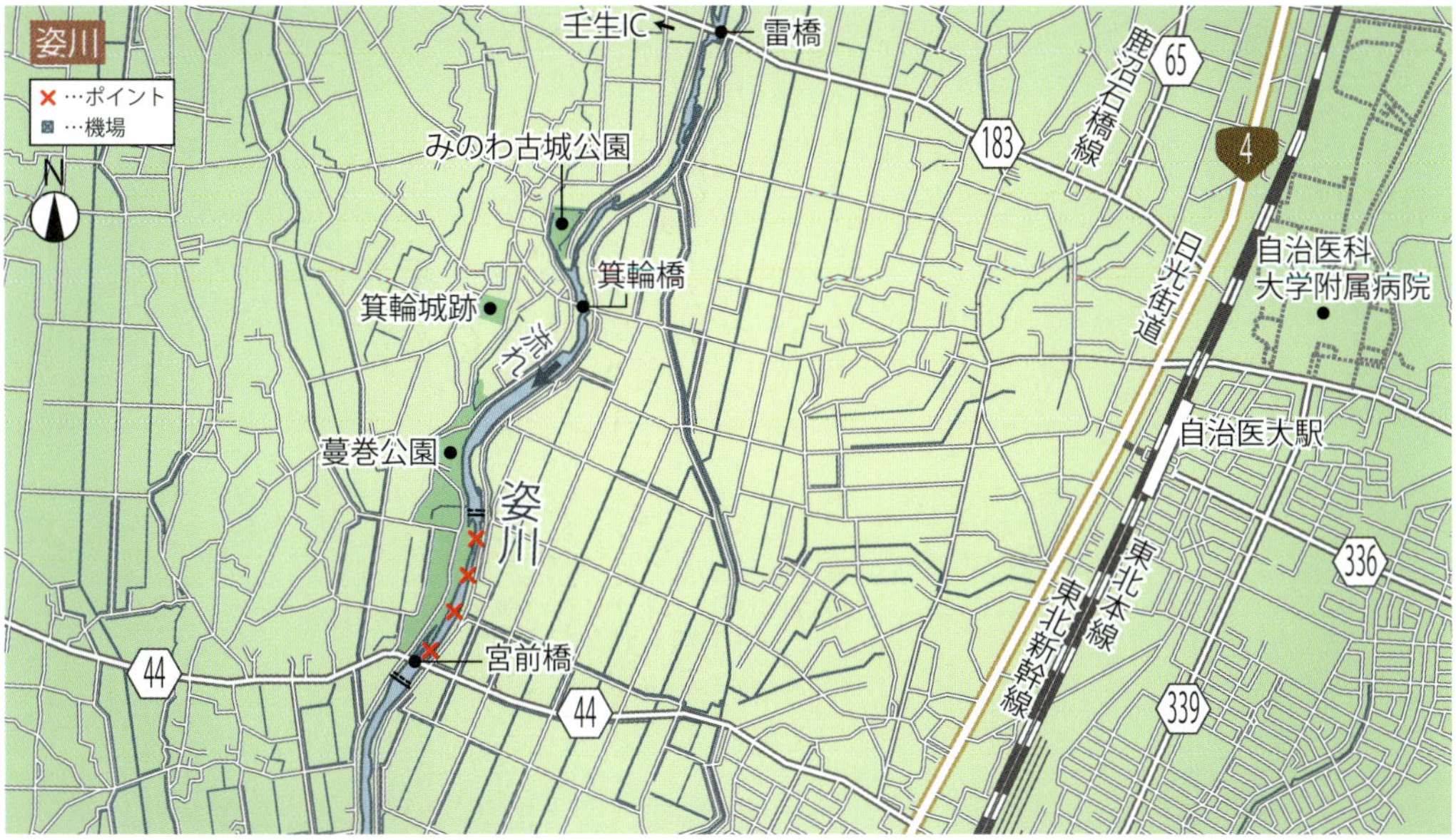

よい引きをみせた良型

堰堤下からポイントが始まる

立ち込んでの釣りになる

平均サイズのヤマベ

蔓巻公園には遊具も整備されている

日に釣行したが、前日の雨の大増水で釣りにならず断念した。増水さえなければヤマベは口を開けて待っていてくれるはず。姿川のヤマベ釣りは本当に面白い！なお姿川では3月16日からアユ解禁日まで毛バリ釣り禁止となっている。

蔓巻公園はローラー滑り台やターザンロープ、オートキャンプ場もあることも付け加えておこう（火曜日定休）。

●下都賀漁協
（TEL０２８５・２２・０４０２）。遊漁料日釣り券５００円、現場売５００円増。

栃木県下都賀郡

黒川

ヤマベ

おすすめシーズン 9~10月

1月
2月
3月
4月
5月
6月
7月
8月
9月
10月
11月
12月

ゲストフィッシュ
ウグイ、カワムツ

瀬を釣り下り、ポイントに当たれば入れ食いモード発動

栃木県下都賀《つが》郡壬生《みぶ》町を流れる黒川は、思川の支流でヤマベの魚影が非常に多い。東武宇都宮線壬生駅から近い東雲《しののめ》公園周辺は、河原が整備されており川に降りやすい。そして東雲橋からしののめさくらばしまでの間は瀬が続いているので、ヤマベ釣りに適している。釣り方は毛バリ釣りが面白い。

毛バリは、釣り方さえマスターしてしまえばエサ要らずで手軽なうえによく釣れるので非常に面白い。立ち位置からやや斜め下流に仕掛けを投入し、扇型に手前岸まで引いてくるだけでヤマベが毛バリに飛びついてくる。またエサ釣りではエサを流すラインがしっかり合っていないと釣れないが、毛バリは瀬に流すだけで掛かってくる。これでヤマベがガンガン釣れるのだからたまらない。

東雲橋下流

しののめさくら橋上流右岸側

一方で、釣れそうだなと思う瀬を流してもアタリがないのはよくあること。そんな流れはどんどんパスして下流に釣り下ろう。僕は2~3回仕掛けを流してアタリがなければ、1~2歩下流に下ってまた仕掛けを流す。アタリが出る流れはひと流しめからガガンッやゴンッとダイレクトに手元に伝わるアタリがある。

現地へのアクセス

電車 東武宇都宮線壬生駅下車。徒歩10分。

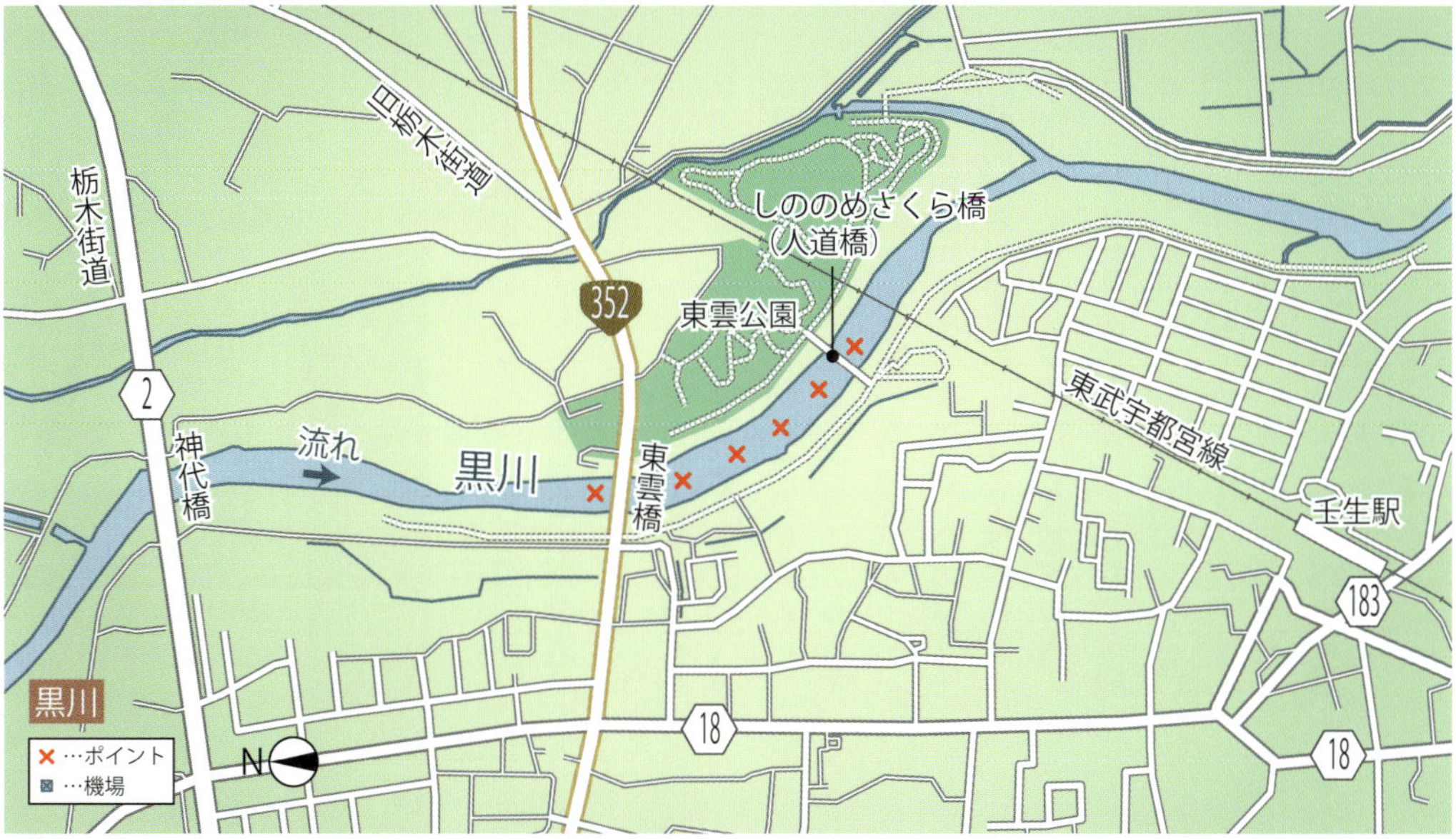

しののめさくら橋下流

しののめさくら橋付近の流れ

平均サイズのヤマベ

カワムツも毛バリに反応する

毛バリ釣りの仕掛けは3・9mのハエザオ（ヤマベザオ）に市販の毛バリ仕掛けをセットすればよい。

釣行記録

2023年10月8日、東雲橋から釣り始め、最初はアタリが出なかったが、釣り下っているうちによく当たるポイントを見つけた。しののめさくら橋まで釣り下って2時間で61尾。アタリのある流れとない流れがはっきりしていたが、アタリがある流れでは入れ掛かりだった。

秋の一日、黒川でヤマベ釣りを楽しんでみませんか。なお、黒川では3月16日からアユ解禁日まで毛バリ釣りは禁止となっている。

●下都賀漁協

（℡0285・22・0402）。遊漁料日釣り券500円、現場売500円増。

山梨県笛吹市

笛吹川

ヤマベ

おすすめシーズン 10~11月

1月
2月
3月
4月
5月
6月
7月
8月
9月
10月
11月
12月

ゲストフィッシュ
ウグイ

ガガンッとくるダイレクトなアタリは一度味わうと病みつきに

山梨県笛吹市石和《いさわ》町を流れる笛吹川。僕が小学生だった頃、両親が山梨県出身で夏休みによく笛吹川の支流で釣りをした。アブラハヤがたくさん釣れて僕を釣りキチの道に導いたことは間違いない。笛吹川は轟々《ごうごう》とした強い流れの川というイメージが強く、アユを釣っている人を見てすごいなあと思ったものだ。

僕が笛吹川で釣りをしだしたのは30年ほど前。石和温泉周辺でヤマベ釣りを楽しむようになった。夏はアユ釣りの人が多く、アユ釣りが後半にさしかかった頃からがベストシーズンだと思っている。釣り方は毛バリ釣りが一番だ。

ポイントは笛吹川に架かる石和橋下流から万年橋下流までがよく、毛バリに適した流れが連続する。釣り下って半日のコースだ。やや下流に仕掛けを振り込み、サオと仕掛けが一直線になるように流す。ヤマベが毛バリに飛びつくと手元にガガンッとダイレクトにアタリがくる。基本的に向こうアワセなので、掛かっていればサオを立ててゆっくりと手元に寄せる。引き抜くと仕掛けが絡まってしまうので、水面を滑らせるように寄せてくる。

毛バリ釣りの醍醐《だいご》味はダイレクトにアタリが出ること。このアタリを覚えてしまうと毛バリ釣りが止められなくなる。

サオはハエザオ（ヤマベザオ）3・9mに市販の毛バリ仕掛けをセットすればOK。ミチイトが長めに付いているはずなので、仕掛けの全長がサオよりも1mほど長くなるように調節しよう。

万年橋上流の流れ

釣行記録

2023年11月5日、石和橋下流の瀬

現地へのアクセス

車 中央道・一宮御坂ICを降りR137を石和方面へ。坪井交差点を左折しR20を直進すると笛吹川に架かる石和橋に出る。

電車 中央本線石和温泉下車。

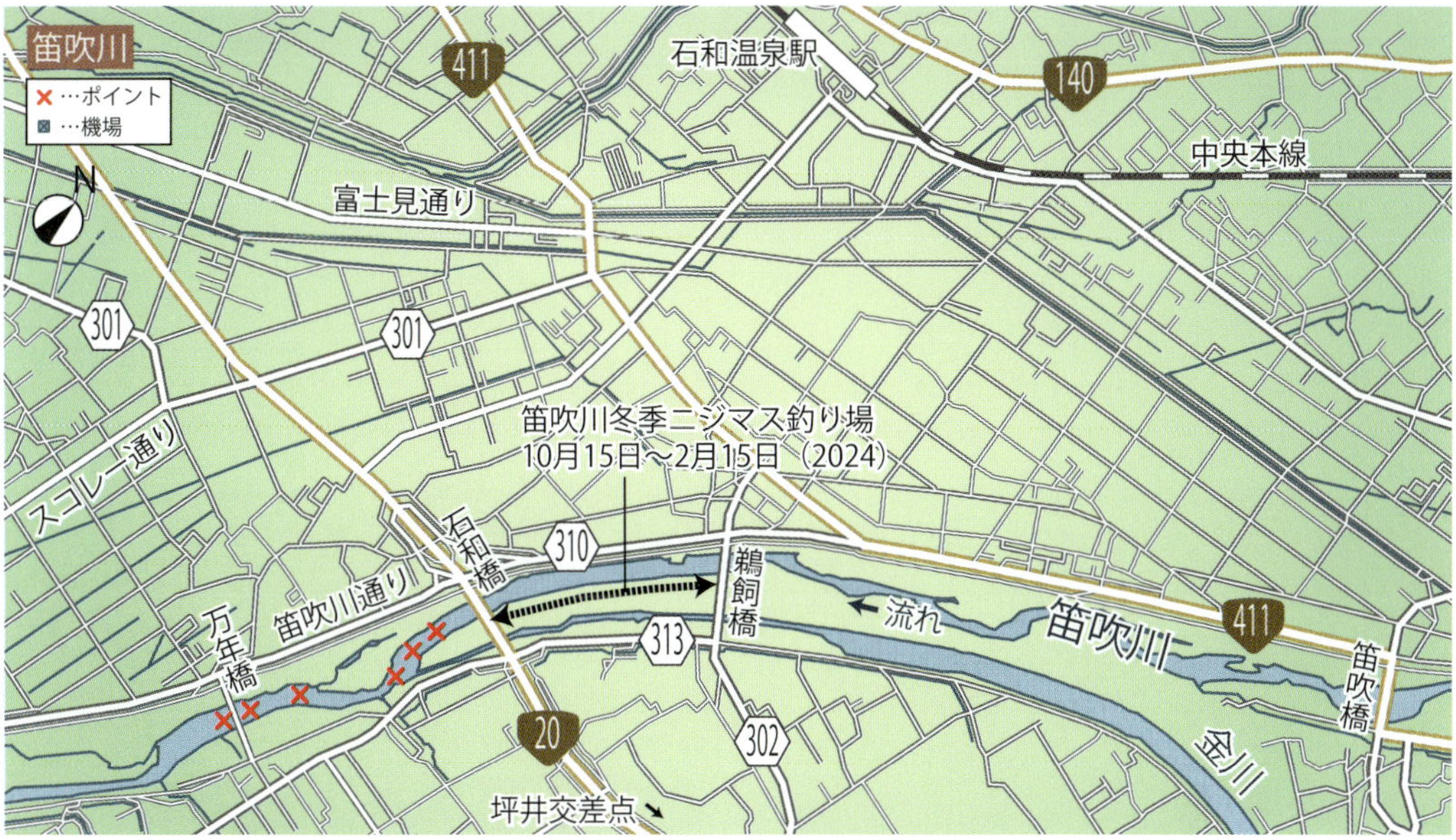

石和橋下流

万年橋上流の瀬を釣り下る

を流すとガンガンと当たり、1時間で31尾。その後万年橋上流の瀬を流すと1時間で28尾。計59尾のヤマベをキャッチした。笛吹川では流れが強い所、水深が深い所があるので、ウエーダーは必携。また、ヤマベの毛バリ釣りはアユ毛バリ釣り期間と同様に、アユ解禁日から11月30日までと考えよう。

笛吹川のヤマベ釣り楽しいですよ！　山梨県の名物ほうとう、石和温泉と併せて楽しんでみてはいかがですか？

●峡東漁業協同組合（℡０５５３・２２・１０２３）。遊漁料雑魚日釣り券１０００円、現場売り３０００円。

平均サイズのヤマベ

情緒あふれる「蔵の街」

Column 3

釣りキチの性《さが》ですね

栃木県栃木市を流れる巴波《うずま》川は、江戸時代初期から昭和時代初期にかけて、栃木から江戸方面を結ぶ舟運として重要な役割を果たしてきたとされています。巴波川沿いの「蔵の街」をテレビで見た僕は、なんて趣がある街並みなんだろうと感じ、いつか行きたいなと思っていました。

小山市でヤマベ釣りをした後、栃木市まで足を伸ばして「蔵の街」を歩いて来ました。JR両毛線栃木駅から徒歩10分ほどで、巴波川沿いの「蔵の街」に着きました。ところが、目的地で一番最初に目がいったのは巴波川の川の中。ずっと見たかった「蔵の街」よりも、巴波川に何がいるのかが気になりました。釣りキチ・あるあるです。

巴波川にはコイが悠然と泳いでいて、「ヤマベがいるね」「尺ブナもいるじゃない!」と心の中でザワザワと叫んでいました。頭の中ではどうしたら釣れるかなんてシミュレーションまで始める始末。もちろん、このあたりは釣り禁止区域で釣りが出来ないことも分かっています。それでも考えてしまうのは、これはもう釣りキチの性ですね(笑)。

和舟の遊覧船もある

巴波川沿いの「蔵の街」は、本当にとても素敵な街並みでした。また行きたいなと思っています。でも、きっとまた川の中を見ちゃうだろうなぁ。

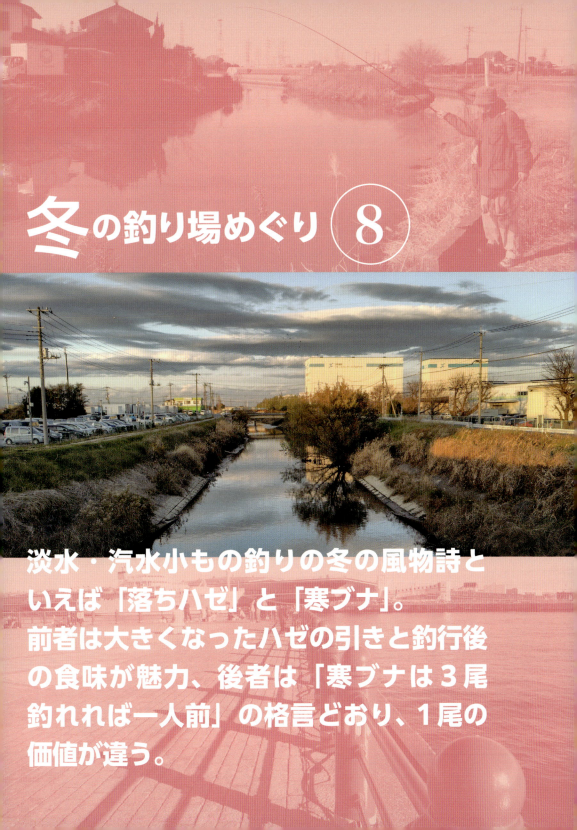

冬の釣り場めぐり ⑧

淡水・汽水小もの釣りの冬の風物詩といえば「落ちハゼ」と「寒ブナ」。前者は大きくなったハゼの引きと釣行後の食味が魅力、後者は「寒ブナは３尾釣れれば一人前」の格言どおり、１尾の価値が違う。

茨城県牛久市

刈谷のホソ

マブナ

おすすめシーズン
11月下旬~3月中旬

月
1月
2月
3月
4月
5月
6月
7月
8月
9月
10月
11月
12月

ゲストフィッシュ
コイ、クチボソ、モロコ

無名の水路だが魚影多し、ボサの切れ目を探り歩く

牛久沼水系稲荷川の稲荷第二機場のホソでマブナ釣りを楽しんだ時、地元の人が「上流の刈谷と宝陽台の間を流れる縦の水路があるからそこに行ってごらん。たくさんフナがいるよ！」と教えてくれた。地図で確認すると刈谷調整池から流れ出して稲荷川に流れ込んでいる水路のようである。無名の水路で、刈谷調整池から流れ出しているようなので本書では刈谷のホソとして紹介させてもらう。

刈谷のホソは幅2mほどのコンクリート水路で、両岸の土手が少し高くなっていてボサが生い茂っている。水深は稲荷川寄りが深く、上流に行くほど浅くなっていく。マブナの魚影は地元の人が教えてくれたようにたくさんある。ボサが多く釣りづらいが、ボサが隠れ家となってポイントを作っている。

ホソの上流から稲荷川方面を望む

マブナは稲荷川につながる暗渠の部分から出入りしているのではないかと思われる。稲荷川寄りが最も深くここが一番のポイントであるが、意外と上流の浅い場所まで泳ぎ回っているので、稲荷川寄りから上流に向かってボサの切れ目を探り歩くとよい。ホソの水際に降りてしまうとマブナは驚いて散ってしまうので、土手の上から静かに釣ることが大切だ。

2・7mの渓流ザオもしくは9尺のマブナザオに、遅ジモリバランスに調節した2本バリのシモリ仕掛け。ハリは袖5号ハリス0・8号10㎝。エサは赤虫の房掛け。

仕掛けを振り込み、マブナがいればアタリが出るはずで、ウキを注意深く見ておくことが大事。大きくウキを引き込むのはクチボソやモロコで、マブナのアタリは意外に小さい。釣れるマブナは12~20㎝が主体で25㎝もいるようだ。

現地へのアクセス

電車 JR常磐線牛久駅下車。西口より牛久市コミュニティバスかっぱ号（7）刈谷／刈谷城中ルートで刈谷1丁目西下車。バスを降りたらバスが来た道を戻り1本目の曲がり角を左折して稲荷川方面に降り上流方面に歩くと刈谷のホソ。

平均サイズのマブナ

マブナの魚影は多い

下流側のポイント

コイっ子も釣れた

クチボソも多い

釣行記録

2024年11月23日、2時間で12〜21㎝のマブナ9尾と20㎝級のコイ2尾。クチボソ、モロコ多数。

刈谷のホソは秋から春にかけて楽しめる。春はボサが刈られて直線的な水路になる。牛久沼水系の中では比較的釣り人が少なくのんびり楽しめる釣り場だ。電車釣行派の〝釣り鉄〟にとっても魅力的といえるだろう。

●牛久沼漁業協同組合（℡029・878・3001）。遊漁料日釣り券600円、現場売り800円。

茨城県牛久市

稲荷第二機場のホソ

マブナ

澄んだ浅い流れを群れ泳ぐ魚影、見釣りもできる

おすすめシーズン
11月下旬～3月中旬

月
1月
2月
3月
4月
5月
6月
7月
8月
9月
10月
11月
12月

ゲストフィッシュ
クチボソ、コイ、モロコ

茨城県龍ケ崎市・牛久沼に流れ込む稲荷川（稲荷川は牛久市）の両岸に幅1mほどのホソがある。刈谷橋下流左岸にある稲荷第二機場のホソは、刈谷橋から稲荷第二機場までのマブナとコイの魚影が多いホソである。

牛久沼水系のホソは、秋から早春にかけてマブナ釣りが楽しめる場所が多い。稲荷第二機場のホソも同様だ。農閑期なのでホソにはボサが覆いかぶさり釣りづらいが、魚には格好の隠れ家。ボサはきれいに空いている時もあれば、かなり覆いかぶさっている時もある。

水深は20～50㎝と浅いところが多く、場所によっては水がないような個所もある。水色は澄んでいるのでマブナが群れをなして泳ぎ回る姿が見える。

稲荷第二機場周辺を除いて、ホソ左岸の耕地側から釣りをする。泳ぎ回るマブナをねらってもよいし、少しでも水深がありそうな場所に仕掛けを落として探り歩く。マブナが掛かったら、遊ばせるとボサに逃げ込まれるので、抜き上げられるサイズなら一気に取り込もう。仕掛けもサオの長さよりも少し短くしておくと操作しやすい。

ボサが被っていないところがポイントになる

2.4mの渓流ザオもしくはマブナザオにミチイト1・2号を1・8～2m取り、ささめ針流線シモリストッパーアソート1号を5個通してガン玉2～3号でバランスを取る。ハリは上バリと下バリの2本バリ仕掛けで、袖5号ハリス0・8号10㎝とする。エサは赤虫の房掛け。

刈谷橋際だけはホソが途切れて池のようになっている。橋下が暗渠になり魚が出入りしているものと思われる。マブナがいる時といない時があるが、サオをだしたいポイントだ。ここはクチボソ、モロコもかなり多い。

現地へのアクセス

電車 JR常磐線牛久駅下車。西口より牛久市コミュニティバスかっぱ号（7）刈谷／刈谷城中ルートで刈谷1丁目西下車。バスを降りたらバスが来た道を戻り1本目の曲がり角を左折して稲荷川方面に降りて行くと刈谷橋に出る。

刈谷橋左岸の池状の溜まり

奥に見えるのが稲荷第二機場。手前のホソはボサが被ってほとんど見えない

マブナは10～18㎝級が多く大型は少ないが、コイが掛かるので玉網は必携。また機場が稼働して流れが出ると、刈谷橋際のポイント以外は釣りにならなくなるのが難点。

釣行記録

2024年11月23日はボサが多く被さってポイントが少なかったがすぐに15㎝級が釣れた。その後は機場が稼働して釣りを断念。2024年早春3月に釣行した時は10～18㎝のマブナ77尾と大変楽しい釣りが出来たことも付け加えておこう。稲荷第二機場のホソは秋から早春にかけての楽しいマブナ釣り場だ。

●牛久沼漁業協同組合（TEL029・878・3001）。遊漁料日釣り券600円、現場売り800円。

大型以外はハリ掛かりしたらボサに逃げ込まれないように一気に抜き上げたい

レギュラーサイズのマブナ

千葉県長生郡

南白亀川

ハゼ

おすすめシーズン　9～12月

月	
1月	
2月	
3月	
4月	
5月	
6月	
7月	
8月	
9月	●
10月	●
11月	●
12月	●

ゲストフィッシュ
チンチン（クロダイの幼魚）、カニ

季節が進めば20㎝級も混じりだすジャンボなフィールド

20年ほど前、外房・本納のホソで小ブナ釣りをしていると地元の方が自転車できて、「小ブナ釣りもいいが南白亀《なばき》川でハゼが釣れているぞ！」と教えてくれた。地元の方の情報はありがたく頂戴しないとと思い、通い出した。一時期足が遠のいていたが数年前からまた通っている。

地元の方が教えてくれたポイントは白子町役場前。観音堂橋上流右岸にはいつも釣り人がいる。そのほかポイントとして挙げられるのは、虎橋周辺、旭橋周辺。観音堂橋周辺は護岸の上の遊歩道からサオをだす。虎橋、旭橋周辺は護岸にテラスがあるので水際も近く釣りやすい。

釣期は9～12月。数なら秋がベストだが、季節が進むとサイズもグッと大きくなり20㎝級も混じるようになる。

近年僕は下流の旭橋周辺を釣ることが多い。電車とバスを乗り継いで来ることが出来るし、車でも駐車スペースがあるので安心だからである。

ボリューム感のある南白亀川のジャンボハゼ

南白亀川は牡蠣殻による根掛かりが非常に多い。渓流ザオでもチョイ投げでも仕掛けをサビくとかなりの確率で根掛かりする。そのため置きザオでアタリを待つ釣りが適している。2～3mのリールザオに2500番スピニングリールの組み合わせ。ラインはPE0・6号を巻き、先イトにフロロカーボン2号を2mほど付ける。シロギス用のテンビンにナス型オモリ1～4号（潮の流れの強さで使い分ける）。ハリはシロギス用の50本連結を2本ずつカットして使うと楽だ。僕はささめ針の競技用アスリートキス5号を使用している。

僕のようにどうしても探ってアタリを

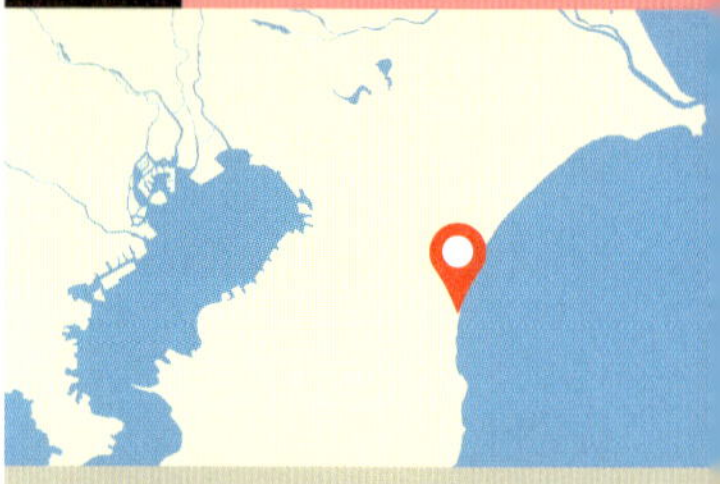

現地へのアクセス

車 九十九里道・白子ICを降りてすぐ。

電車 JR外房線大網駅より白子車庫行きバスで白子アクア健康センター入口下車。

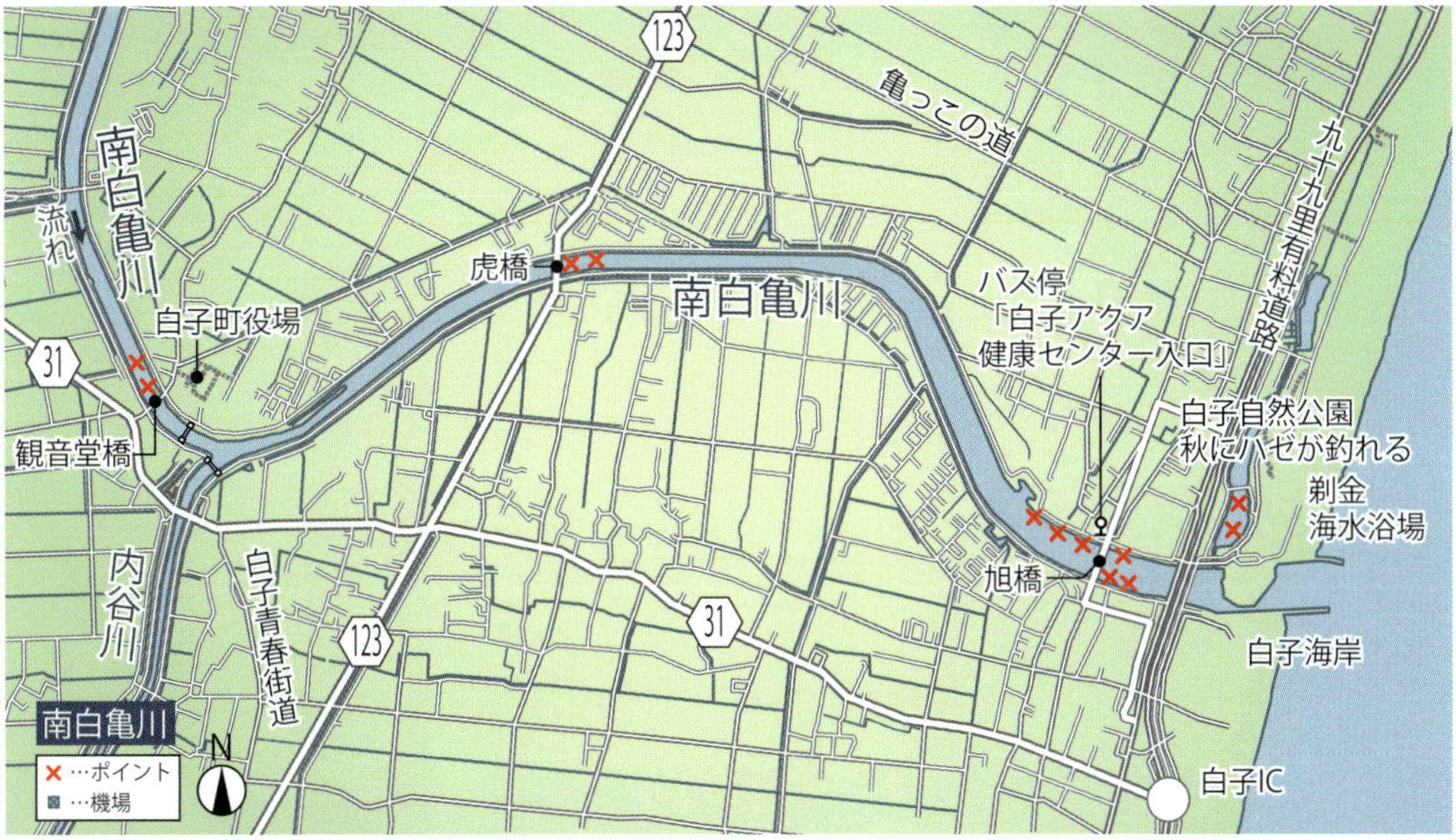

虎橋下流左岸

観音堂橋下流

観音堂橋上流

南白亀川河口

旭橋上流左岸

取りたい人には旭橋周辺をおすすめする。旭橋下流の両岸、旭橋上流左岸は牡蠣殻が比較的少ない。

釣行記録

2023年冬は旭橋周辺で20㎝クラスが釣れたので2024年も12月8日に釣行した。観音堂橋に行くと釣り人がいたので釣況を聞くと「今日はダメだね」。下流の旭橋に移動するとここにも大勢のハゼ釣りファンが。空いている場所で置きザオ、探り釣りの二刀流で始めるもアタリなく時間だけが過ぎる。地元の人に「釣れてる?」と聞かれ「ダメです」と言うと、「おかしいなあ。今までよく釣れていたんだよ」。急激な気温低下で食い渋ったのだろうか。それでも地元の人が「このハゼは大きいよ!」と太鼓判を押すとおり、南白亀川のハゼ釣りは魅力的で楽しい釣り場なのである。

なお、最下流左岸にある白子自然公園は晩秋までハゼが釣れることを付け加えておこう。

茨城県猿島郡

長井戸 中央排水路

マブナ

おすすめシーズン 12～3月上旬

1月
2月
3月
4月
5月
6月
7月
8月
9月
10月
11月
12月

ゲストフィッシュ
コイ、ブラックバス

往年の数釣り場は現在、玉網必携の尺ブナ釣り場

茨城県猿島《さしま》郡境町にある長井戸中央排水路は、昔から知る人ぞ知るマブナ釣り場である。現在は改修されて幅15ｍほどの三面コンクリートの排水路となってしまったが、1995年頃までは趣のある大変よく釣れる水路であった。30年も前の話で恐縮だが、春になれば超大型は出ないが束釣りは当たり前だった。

僕は毎年冬になると長井戸中央排水路を訪れ、釣況、ポイントをチェックしていた。冬場でも釣り人は多いが中心はヘラブナやブラックバスねらいで、時折マブナ釣りの人もいる。

改修工事以後は水深が浅くなってしまった。冬場は栄橋から下流の機場（2024年12月現在工事中）までがよい。特に、さしまアクアステーションの温排水排水口周辺は一番の人気ポイントで、群れをなして泳ぐ尺ブナを見ることさえある。ブラックバスやコイも集まっている。この排水口下流もよい。

栄橋下流左岸

4・5～5・4ｍの渓流ザオに、遅ジモリバランスに調節した2本バリのシモリ仕掛けを使うとよい。ハリは袖5～6号またはフナバリ5号ハリス0・8号10～15㎝。エサは赤虫の房掛けでたっぷり装餌する。

釣り方は、沖に振り込みアタリがなければ少しずつ仕掛けを引いてくる。アタリは小さいのでウキの動きを注意深く見ておくこと。排水口のポイントに運よく入れたらじっくり探るとよい。流れの反転流や排水口からの排水に仕掛けを流してみるのも有効だ。釣れれば尺ブナの可能性が高いので玉網も忘れずに！

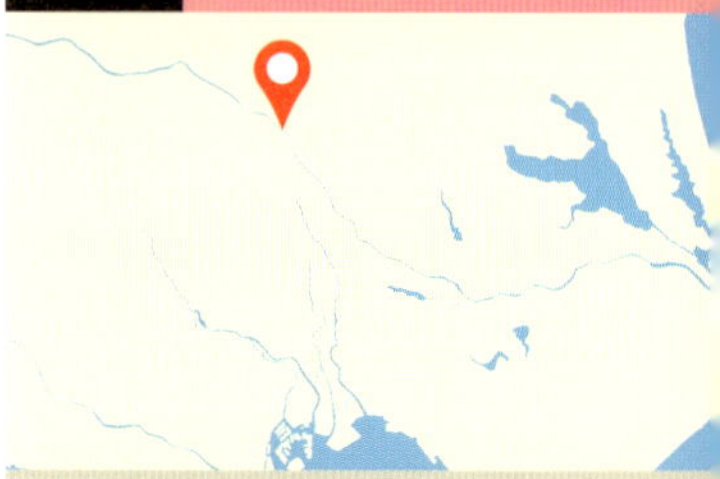

現地へのアクセス

電車 JR宇都宮線（湘南新宿ライン）古河駅下車。西口から境車庫行バスで宮本町（境町）下車。さしまアクアステーションを目差す。

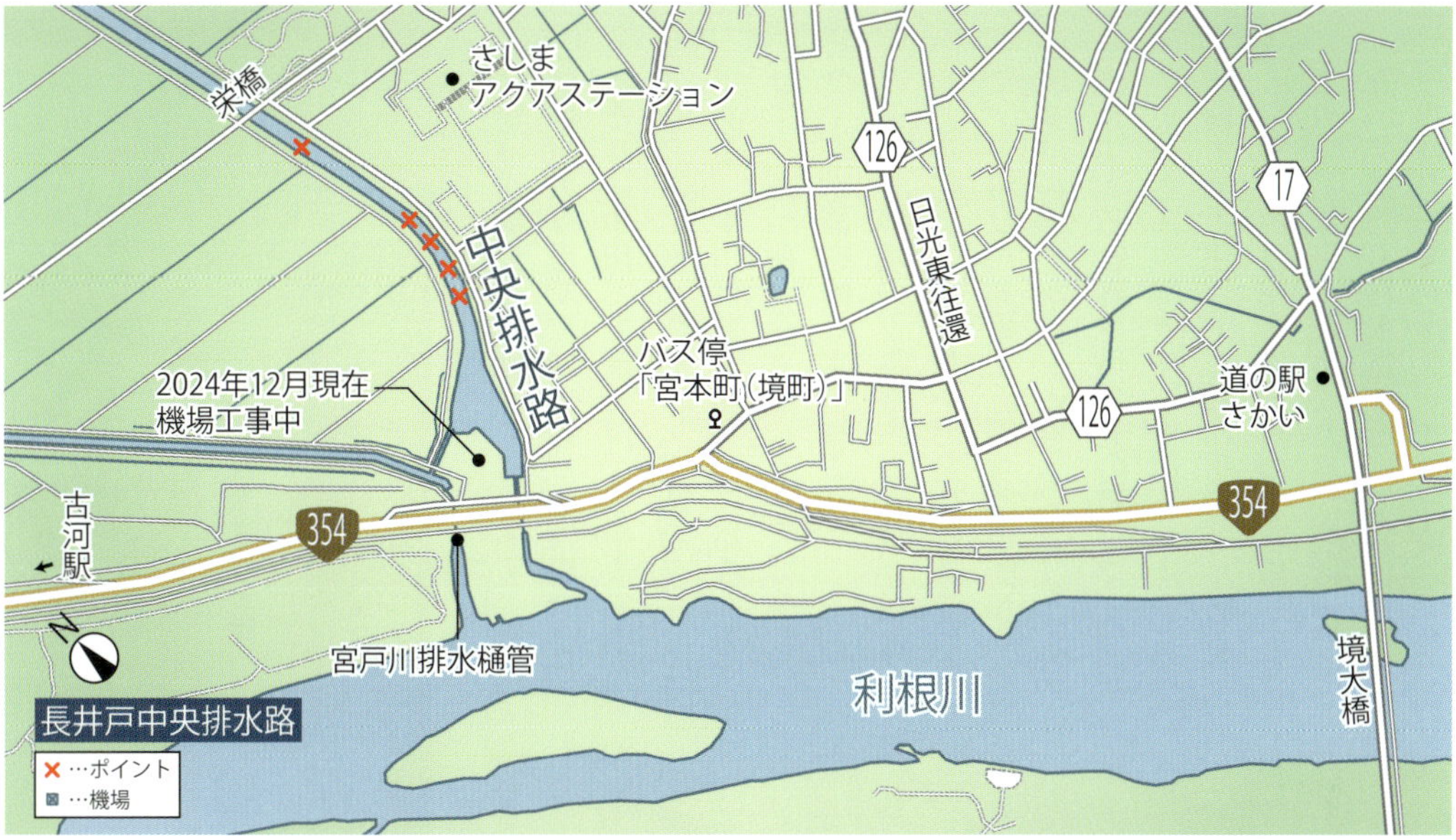

機場方面を望む

さしまアクアステーションからの排水ポイント

尺ブナ。
玉網は必携

コイも食ってくるので注意

釣行記録

２０２４年１月４日、排水口のポイントには先行者がいたので栄橋下流から釣り始めた。広く探っていたがアタリがない。排水口の先行者がいなくなったので入るとすぐ尺ブナがヒットした。その後１時間の間に尺ブナ３尾とコイ１尾。初釣りで釣果に恵まれ、よい一年のスタートとなった。昔の数釣り場は現在、尺ブナ釣り場として健在である。

なお、長井戸中央排水路は桜並木がきれいだが、桜が咲く頃には水位が上昇して下流域はポイントがなくなる。

茨城県猿島郡

五霞落川

マブナ

小さなアタリを取れば、寒ブナの季節に感動の尺ブナとの出会い

おすすめシーズン
12月～3月上旬

1月 2月 3月 4月 5月 6月 7月 8月 9月 10月 11月 12月

ゲストフィッシュ
コイ、ブラックバス

茨城県猿島郡五霞町を流れる五霞落川《ごかおとし》は中川の支流でマブナ釣りの穴場。このあたりは中川、五霞落川、幸手放水路があり、常に多くの釣り人で賑わうエリアである。中川はブラックバスねらいのバサー、幸手放水路はヘラブナ釣りとバサーが季節を問わず訪れる。

一方、冬場の五霞落川は水量が少ないせいか釣り人が少ない。全体的に浅い川で、冬場は川原橋と五霞水門の間がやや水深があり、マブナやコイのポイント。2月に入ると春を待つ気の早いマブナが中川から入ってきて、中川合流点から川原橋までの浅場でも釣れることがある。

五霞落川は田んぼからの排水路も兼ねており、4月に入ると五霞水門は一部を除いて閉められ水量が増して流れが強くなるのでマブナ釣りには向かない。ベストシーズンは12月から早春の3月上旬まで。活発に泳ぐ季節ではなく厳しい釣りを強いられることもあるが、掛かれば尺ブナ。寒い時期に尺ブナと対面出来るのは幸せなことではないだろうか。

右岸下流から五霞水門を見る

五霞水門下流には緩やかな流れがある。この時期水が動いているというのは非常に重要で、魚の食い気を上げてくれる。左岸側からがよく、水際よりやや下がって長めのサオで釣ろう。渓流ザオ4・5～5・3m（ズームがより使いやすい）に遅ジモリバランスに整えた2本バリのシモリ仕掛け。ハリは袖またはフナバリ5号ハリス0・8号10～15cm。エサは赤虫の房掛けもしくはキヂ。

川底は起伏があり変化に富むので、仕掛けを投入して探りながらアタリを待つ。緩やかな流れがあっても仕掛けが流

現地へのアクセス

車 圏央道・五霞ICを降りR4を春日部方面へ。ICを降りてすぐの工業団地交差点を右折すると五霞落川の川原橋。

電車 東武スカイツリーライン東武動物公園駅下車。境車庫行バスでひばりが丘工業団地入口下車。中川を上流に歩き幸手放水路を越えて五霞落川へ。

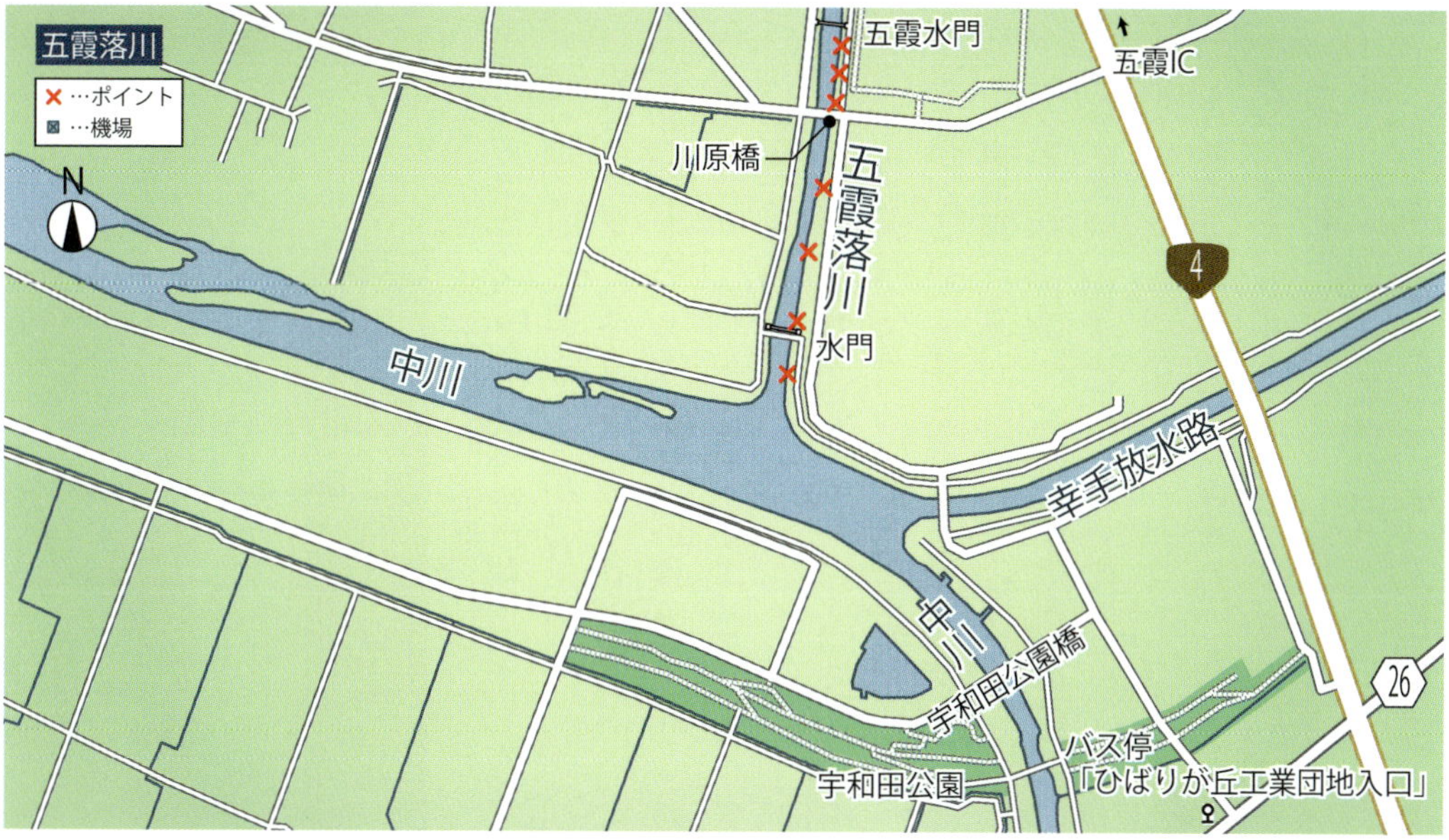

厳寒期の尺ブナとの出会いは感動のひと言

最下流の水門から上流側を望む

中川合流点（奥が中川）

されるほどではなく、サオを操作して上流から下流、沖から手前と広く探ることが尺ブナに出会える確率を上げる。また、マブナは回遊していることもあり、このような時は比較的エサを捕食してくれる。アタリは小さいので見逃さないように。

釣行記録

2024年2月と3月3日の釣りでは、厳しい状況だったが32～36㎝の尺ブナをそれぞれ2～3尾。寒中の少ないアタリを取って尺ブナを手にした時の喜びは言葉にできない感動だ。

埼玉県三郷市

大場川

マブナ

工事が終了しポイント拡大、冬でも尺ブナに会える

おすすめシーズン 12〜1月

月
1月
2月
3月
4月
5月
6月
7月
8月
9月
10月
11月
12月

ゲストフィッシュ コイ、モロコ

埼玉県三郷市を流れる大場川はマブナ釣り場として昔からよく知られている。現在もマブナは多く、春、秋、冬と3シーズン釣りが楽しめる。春と秋のほうが釣りやすいが、今回は最も難しい冬の大場川を紹介したい。

釣り場は東大場川合流点から上流の東京電力パワーグリッド北葛飾変電所前までがよい。長らく兵庫橋の架け替え工事や護岸工事が行なわれていたが、2024年12月現在、兵庫橋上流右岸の一部を除いてほぼ終了したので釣りが出来るポイントが広がった。

兵庫橋上流はフェンスで囲まれているが、左岸側は途中からフェンスがなくなり護岸から釣りが出来る。兵庫橋下流は護岸からの釣りで釣りやすい。

東大場川合流点上流

春と秋は平場でも釣れるが、冬場は水の動きがある場所をねらいたい。実績のあるポイントは、排水口やパイプから水が落ちている場所だ。今回紹介しているエリアの中では、東大場川合流点下流左岸、兵庫橋周辺右岸（2024年12月現在工事中のため一部立入不可）、東京電力パワーグリッド北葛飾変電所前の左岸側の3ヵ所が実績がある。いずれの場所も小深くなっているので周辺全体をていねいに探る。冬場はアタリが小さいのでウキの動きを注視するほか、ウキにアタリが出ない居食いもあるので、仕掛けを移動させる時やピックアップする時は必ず軽く合わせるようにしたい。

渓流ザオ4・5〜5・3mにミチイト1・2号、遅ジモリバランスのシモリ仕掛けで探り釣り。ハリは袖またはフナバリ5号の2本バリ、ハリス0・8号10〜

現地へのアクセス

電車 JR武蔵野線新三郷駅下車。東口から三郷料金所方向に歩き大場川に架かる小谷堀橋を渡って上流へ。駅から徒歩20〜25分。

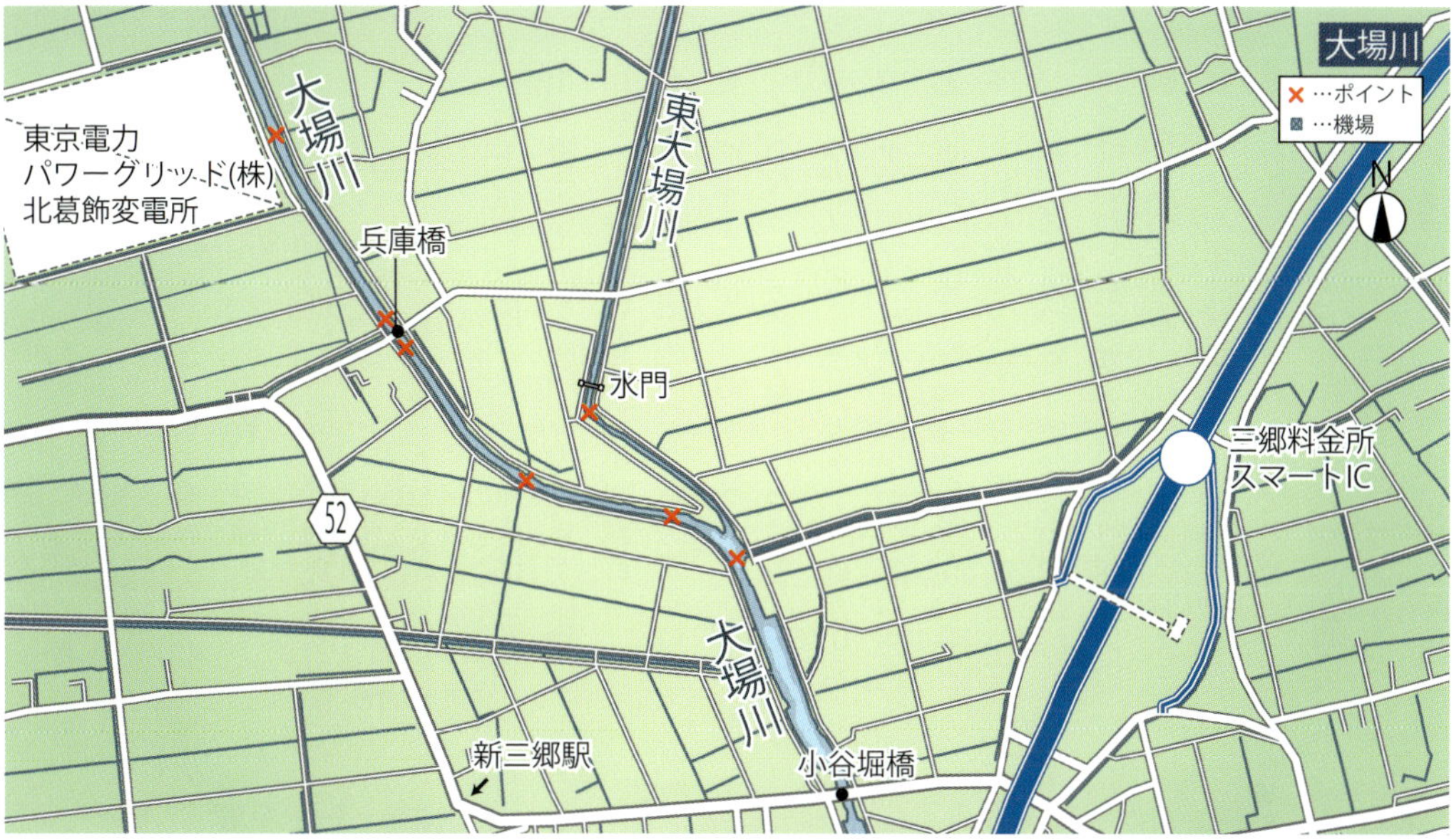

吐き出し口で
釣れた尺ブナ

東大場川合流点下流吐き出し口を釣る

兵庫橋下流

兵庫橋下流で釣れた尺ブナ

15㎝。エサは赤虫の房掛けもしくはキヂ（ミミズ）。

釣行記録

2023年冬、大場川はよくマブナが釣れた。1月は東大場川は合流点下流左岸、2月は兵庫橋下流右岸でそれぞれ尺ブナがヒットした。2024年冬は期待に反して尺ブナは釣れず。

釣れれば尺ブナの大場川、僕の最大魚は37㎝。コイも多いので玉網は忘れずに。また、合流する東大場川も水門下流は冬にマブナが釣れる。ムラがあるが貴重な寒ブナ釣り場といえよう。

埼玉県春日部市

大落古利根川

マブナ

おすすめシーズン
12~2月

1月
2月
3月
4月
5月
6月
7月
8月
9月
10月
11月
12月

ゲストフィッシュ
ニゴイ、ブラックバス、ヘラブナ、モロコ

本命は少ないがゲスト陣もウキを賑やかに動かしてくれる

埼玉県春日部市を流れる大落古利根《おおおとしふるとね》川《がわ》。農業用排水路のため、4~10月は川幅いっぱいに豊富な水が流れる。11月に入ると水量がぐっと減って釣りが楽しめるようになる。

冬のヘラブナ釣り場として知られ、ブラックバスねらいの人も多い。ほかにもマブナ、コイ、ニゴイ、モロコ等が生息しており、シモリウキ+虫エサでねらうマブナ釣りが面白い。ニゴイ、モロコ等が圧倒的に多く、マブナはなかなか釣れてこないが、厳寒期でもアタリが多いのはうれしいことだ。特に30㎝オーバーのニゴイは、手元に寄せるまではマブナかもしれないと期待を持たせてくれる。もちろんニゴイと分かった時はがっかりするのであるが……。待望のマブナが釣れた時は本当にうれしい。寒い中を頑張った甲斐があるというものだ。

鉄橋下流を釣る

さて釣り場であるが、東武アーバンパークラインの鉄橋下流左岸がよい。ヘラブナファンやバサーが多いが、ここが一番の好ポイント。ヘラの人も一日中釣りをしている人は少ないので、ポイントが空いていることも少なくない。

マブナ釣りには5~6ｍ前後の少し長めの渓流ザオがよく、ガン玉2号で遅ジモリバランスに調節した2本バリのシモリ仕掛けを使う。エサは赤虫の房掛けかキヂ。ハリは袖もしくはフナバリ5号、ハリス0・8号15㎝。

仕掛けを上流に振り込み流れに乗せる。ガン玉2号くらいだと底で止まることなく流されるはず。仕掛けが止まって沈んでいくようなら、サオをあおってもう一度仕掛けを流れに乗せるとよい。仕掛けを流す際、シモリウキが3個くらい水面に出るように調節しておくとアタリ

現地へのアクセス

電車 東武アーバンパークライン藤の牛島駅下車。線路沿いを春日部方面に10分ほど歩くと大落古利根川。

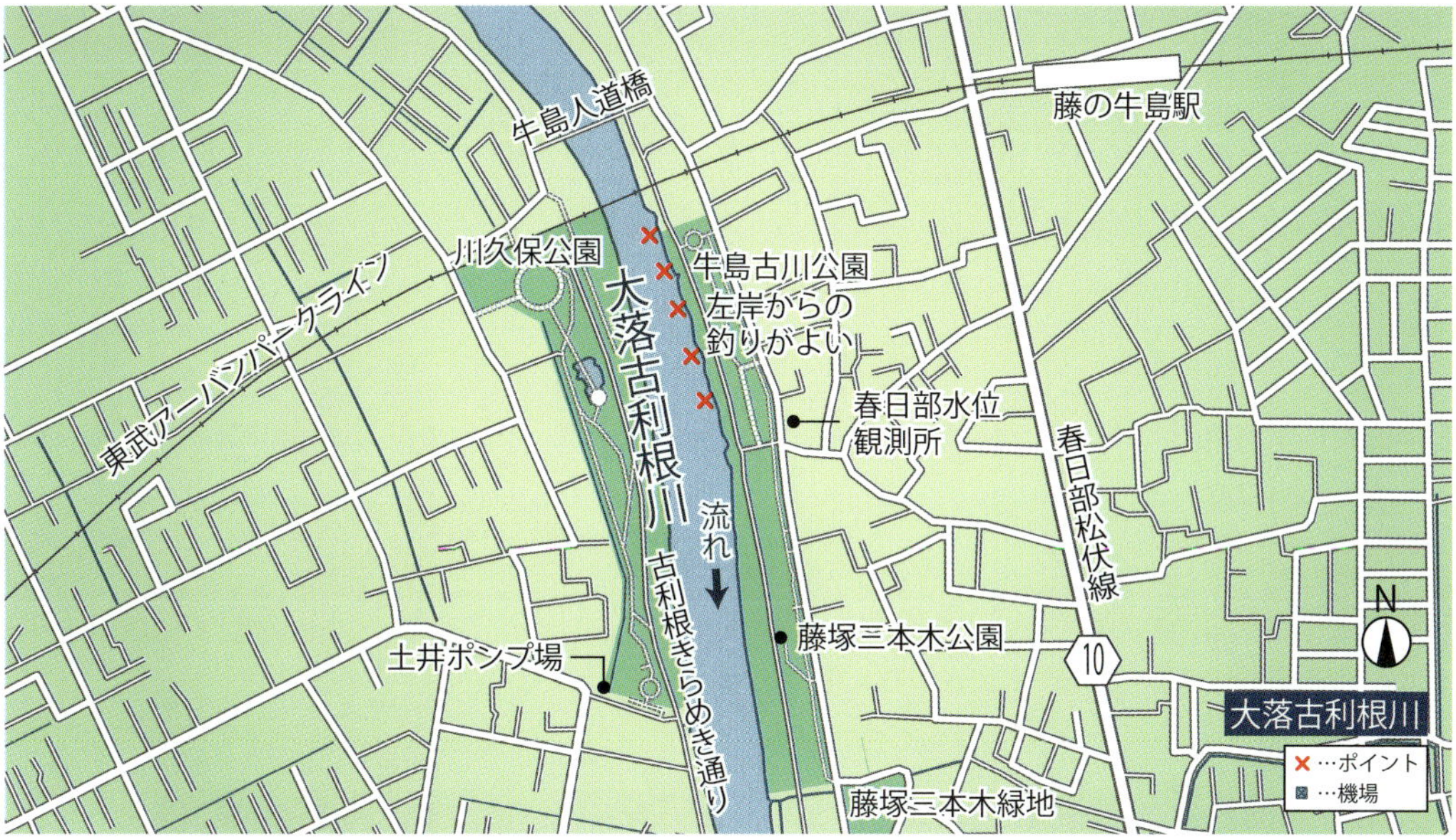

何とか出会えた尺ブナ

景色も寒い中、鉄橋を走る電車が気分を和ませてくれる

取り込んでみてガッカリのニゴイ（笑）

良型のモロコも多い

も取りやすく仕掛けも流れやすい。

また同じラインばかりを流すのではなく、流す筋を変えてみることも効果的。

アタリはシモリウキがクックッと引き込まれたり食い上げアタリが出たりとさまざまだ。

釣行記録

2024年は1月と11月10日に釣行した。1月はニゴイとモロコのみ。11月はなんとかマブナの顔を見ることが出来たが、ニゴイ2尾のほかモロコの入れ掛かり。それでも厳寒期に小もの釣りを楽しませてくれる貴重な釣り場である。

●埼玉県東部漁業組合（TEL048・985・1099）。遊漁料日釣り券500円。

赤レンガパーク

ハゼ

おすすめシーズン　10月下旬～12月

1月
2月
3月
4月
5月
6月
7月
8月
9月
10月
11月
12月

ゲストフィッシュ　シロギス、ダボハゼ

クリスマスムードに染まる観光地で15㎝クラスをゲット

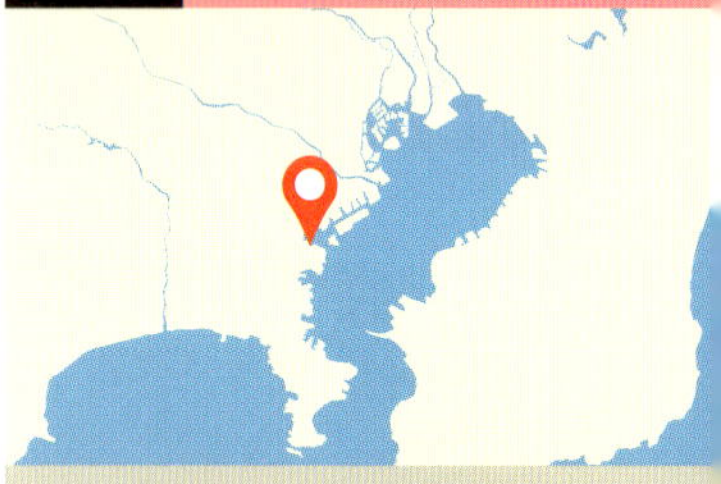

現地へのアクセス

電車 みなとみらい線日本大通り駅下車。

神奈川県横浜市中区の赤レンガパークは多くの人で賑わう観光地。特に赤レンガ倉庫では11月下旬から12月のクリスマスまでクリスマスマーケットが開催され、クリスマスムード一色に染まる。僕もこの雰囲気がとても気に入っている。

そんなクリスマスムードで盛り上がっている赤レンガ倉庫を背に、赤レンガパークでは多くの釣り人が釣りを楽しんでいる。大さん橋ふ頭を正面に見る岸壁ではアジねらいの釣り人が大勢並び、アジが掛かると歓声が沸く。

僕のねらいはハゼ。11～12月に15㎝級が釣れるのだから面白い。ポイントは正面に象の鼻パークが見える運河側で、ここはアジねらいの人がほとんどいないのでいつもすんなりと好きなポイントに入ることが出来る。

ポイント近景

赤レンガパークでは投げ釣りが禁止されているので、絶対に投げないで釣りをすることが大前提。実際、足場が高く手前へチからカケアガリになっているので遠くへ飛ばす必要はない。3～3・6m磯ザオとスピニングリールの組み合わせで、下から仕掛けを振り込む感じで投入する。シロギス用のテンビンにオモリ1号、ハリはシロギス用50本連結を2本ずつカットして使うと楽だ。僕はささめ針の競技用アスリートキス5号を使用している。

軽くアクションを加えてみるのも一手。アタリは明確にコツッとくる。モゾモゾしたアタリはだいたいダボハゼだ。

釣行記録

2023年冬の赤レンガパークのハゼ

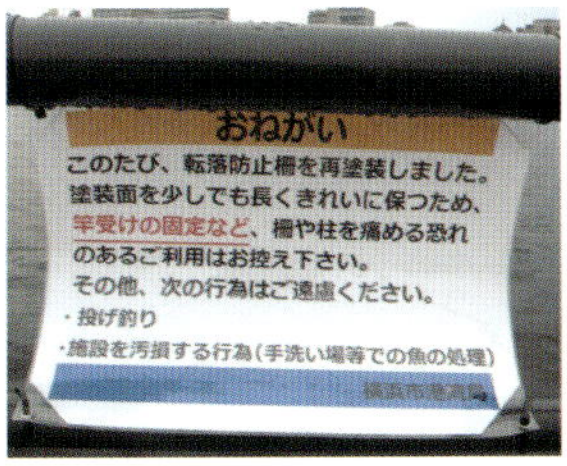

釣り人に向けた看板。柵へのサオ受けの固定禁止（塗装保護のため）、投げ釣り禁止、施設を汚す行為の禁止が記されている

象の鼻パーク前で出た良型ハゼ

シロギスも登場

観光客に人気のポケふたと赤レンガ倉庫

は面白かった。短時間でツ抜けした時もあったし、12月29日にも15㎝級のハゼが釣れた。2024年はハゼに恵まれず、12月1日に14～16時の2時間で15㎝級ハゼとシロギス各2尾の釣果。

釣りの後は赤レンガ倉庫でクリスマスマーケットを楽しむのもよいと思う。また赤レンガパークにあるポケふたと呼ばれるポケットモンスターのピカチュウ・ライチュウが描かれたマンホールのふたは老若男女に大人気だ。

近くに上州屋関内店があるので、エサの購入や釣り情報収集に活用されたい。

●上州屋関内店
（TEL０４５・６６３・２６２２）。

春のマブナ釣り基本講座

産卵のために大型マブナが浅場にどんどん入ってくる春の乗っ込みは、タイミングが合うと大型の入れ食いになる！

春のマブナ釣りの釣期

僕はマブナ釣りが大好きなので例年2月下旬から6月中旬まで春ブナ釣りをしているが、一般的には3～5月といえる。春のマブナは雨で動く。3月下旬から4月中旬にハタキ（産卵）がある釣り場が多く、暖かい雨が降った後は要チェックだ。雨後は一気にマブナがホソ等の浅場に入ってくる。逆に雨が少ない時は、マブナは入ってくるがダラダラとした感じでパッとしない釣果が多くなる。

産卵後は一時的に食いが落ちるが少し経つと体力回復のためまた食いがよくなる。ただ、ゴールデンウイークに田植えをする地域が多いと思うが、ホソなどでは田植え直後は濁り等の影響で一時的に食いが悪くなることがある。

春のマブナ釣りではずっと釣れ続くのではなく、早い場所では数日で終わってしまうことも少なくない。地域や場所によって産卵の時期や釣れる期間も異なるので、釣行する場所の情報を把握しておくことが大事だ。

ポイントの選び方

霞ヶ浦・北浦湖岸の幅1mほどのホソや、佐原水郷の幅5～10mの水路などのような場所が主な釣り場となる。ホソのポイントは、マブナはヘチ寄りを通る傾向があるので基本的にはヘチねらい。特にホソの支柱両サイドはマブナが止まるので必ずねらいたい。一方で、少し離れたヘチ寄りでも釣れることは多い。「基本的に」としたのは、基本はヘチだが固執しないようにという思いからである。

また、ホソの周りはハス田や田んぼが多い。ホソにはそこから水を落とす排水パイプがあるはずだ。パイプの周辺は深く掘れているのでマブナが止まるだけではなく、排水パイプを通ってハス田や田んぼに入ることもあるのでマブナの溜り場所になる。

ホソに水が多く排水パイプが見えない時は、ハス田や田んぼ側に目を向けるとパイプが見えるはず。また、排水パイプがある場所はヘチよりも真ん中が掘れていることが多く、ホソの真ん中や手前ヘチなども含めて広く探りたい。

ホソに架かる小橋下もポイント。影に身を隠すマブナがいるはずだ。橋の下は可能な限り奥に仕掛けを投入すると当たる可能性が高くなる。ホソ同士の合流点やクランクも必ずねらいたい。

ホソに水草が生えていたり、枯れアシのヤッカラがあれば、その周りにも必ず仕掛けを入れたい。マブナが掛かったら一気に空気を吸わせないと水草やヤッカラの中に入り込まれるので気をつけたい。

幅5～10mの水路もねらう場所は基本的に同じと考えてよい。水路が直線的でどこを釣ったらよいか分からない時は、手前のヘチ寄りを探ってみるとよい。ある程度

ポイント例

排水パイプ

ホソの護岸支柱

ヤッカラ（枯れアシ）

縦ホソの出口

クランク状の流れと機場

排水＆樋門

水深があればヘチ寄りがえぐれて隠れ家になっていることがある。

手前ヘチが浅い場合、水路の幅が広いぶんマブナは散っているので対岸～中沖～手前と順に探る。またこのような水路は比較的浅く、魚の動きで土煙が上がることがある。泥を勢いよくボワンッと上げるのはコイだが、小さくポワっと上がるのはマブナの可能性大。このような土煙もポイントの目安になる。ほかにも、小さくプクップクッと水面に出て来る泡付けやモジリ・ヒラ打ちなど、注意深く釣り場を観察しているとマブナかもしれないシグナルがある。このようなサインを有効に利用したい。

道具立てとエサ

春のマブナは虫エサの探り釣りでねらいたい。ホソでの仕掛けは、サオ2・4～2・7m、ミチイト1～1・2号。僕は、可能な限り軽いオモリでゆっくりとシモリウキ全体が沈んでいく遅ジモリバランスがよいと確信している。理想はガン玉5号でバランスが取れること。現在は水鳥の羽根をカットした羽根ウキを6~7個通したシモリ仕掛けを多用している。ハリは袖もしくはフナバリ5号のほか、渓流バリ7号。ハリス0・6~0・8号10~13㎝。上バリと下バリの2本バリ仕掛けにする。

幅5~10ｍの水路での仕掛けは、3・6~4・5ｍ渓流ザオ、ミチイト1~1・2号に、ささめ針流線シモリストッパーアソート1号を5~6個通し、ガン玉2~3号でバランスを取る。こちらも上バリ下バリの2本バリ仕掛け。ハリは袖もしくはフナバリ5号のほか、渓流バリ7号。ハリス0・8号10~13㎝。ホソの釣りでは0・6号でも切られることは少ないが、幅広い水路や川などでは対岸に走られた時に0・6号では切られてしまうので1ランク太くしている。ハリス全長は7㎝で通してきたが、乗っ込み早期や食い渋り時は長めのほうがよいのではと思い、最近は10~13㎝を使用している。

仕掛けは全体に軽く仕上げるように心がけ、また必ず2本バリにしている。マブナは下を向いてエサを食べることが多く、特に食い渋り時に下バリは有効だ。

エサは赤虫かキヂ（ミミズ）。赤虫はハリが見えなくなるくらいたっぷりと付ける。キヂは1匹付けでかまわないが、小さいキヂは2~3匹付けると効果的だ。

釣り方・アタリの取り方

釣り場に着いたら、どこから釣るのかをまず見極める。そして静かに釣ることを心がけよう。ドタドタと歩いてはいけない。むやみに水際に立たないようにもしたい。水際から1ｍほど下がり、ホソや土手がある場合には、長めのサオで土手の上から釣りをしたい。

1つのポイントでは必要以上に粘らないように。慣れないうちはどこで見切りをつければいいのか難しいと思うが、丹念に探ってもアタリが出なければポイントを変えるべきだ。僕は常々アタリはすぐに出ると書いてきた。実際、食い気のあるマブナがいればすぐに食ってくるはずだ。シーズン初期や寒の戻りの食い渋り時にはすぐにアタリが出ないケースもあるが、僕は基本的に、オモリがトンッと底に着いてすぐにクッとウキが入るか、沈んでいるウキがフワッと浮いてくるとイメージして釣りをしている。

もちろんイメージどおりにいかないことも多いが、準備が出来ているのといないのでは反応が違う。これが大事！

例を1つ。僕は現在、従妹に釣りを教えている。ある時、マブナ釣りで従妹の仕掛けのオモリが着底後、すぐシモリウキが小さく引き込まれた。従妹はそのアタリを見送ったので「なぜ今のを合わせない？」と聞くと、「反応出来なかった」と答えた。釣れるチャンスを逃してもったいないと思った。

早期や条件の厳しい時は1日で3~4回しかアタリがないこともある。モゾモゾッとした極めて弱いアタリでは食い込みを待つこともあるが、ウキが1つでも小さく引き込まれるアタリは合わせるべきだと教えている。このようなアタリは小さくても釣れる。せっかくのチャンスを逃さないように、アタリはすぐ出るとイメージして釣りをしてもらいたい。そして、この小さなアタリを取ってほしい。必ず釣果がアップするはず。

基本的に、仕掛けが馴染んでから僕はあまり待たない。10~20秒待ってアタリがなければ誘いをかけて仕掛けを移動させるか、振り込み直す。これでもアタリが出なければ次のポイントを探る。どんどん足を使ってたくさんポイントをねらってほしい。食い気のあるマブナを見つけることが探り釣りの真骨頂である。

春のマブナ仕掛け

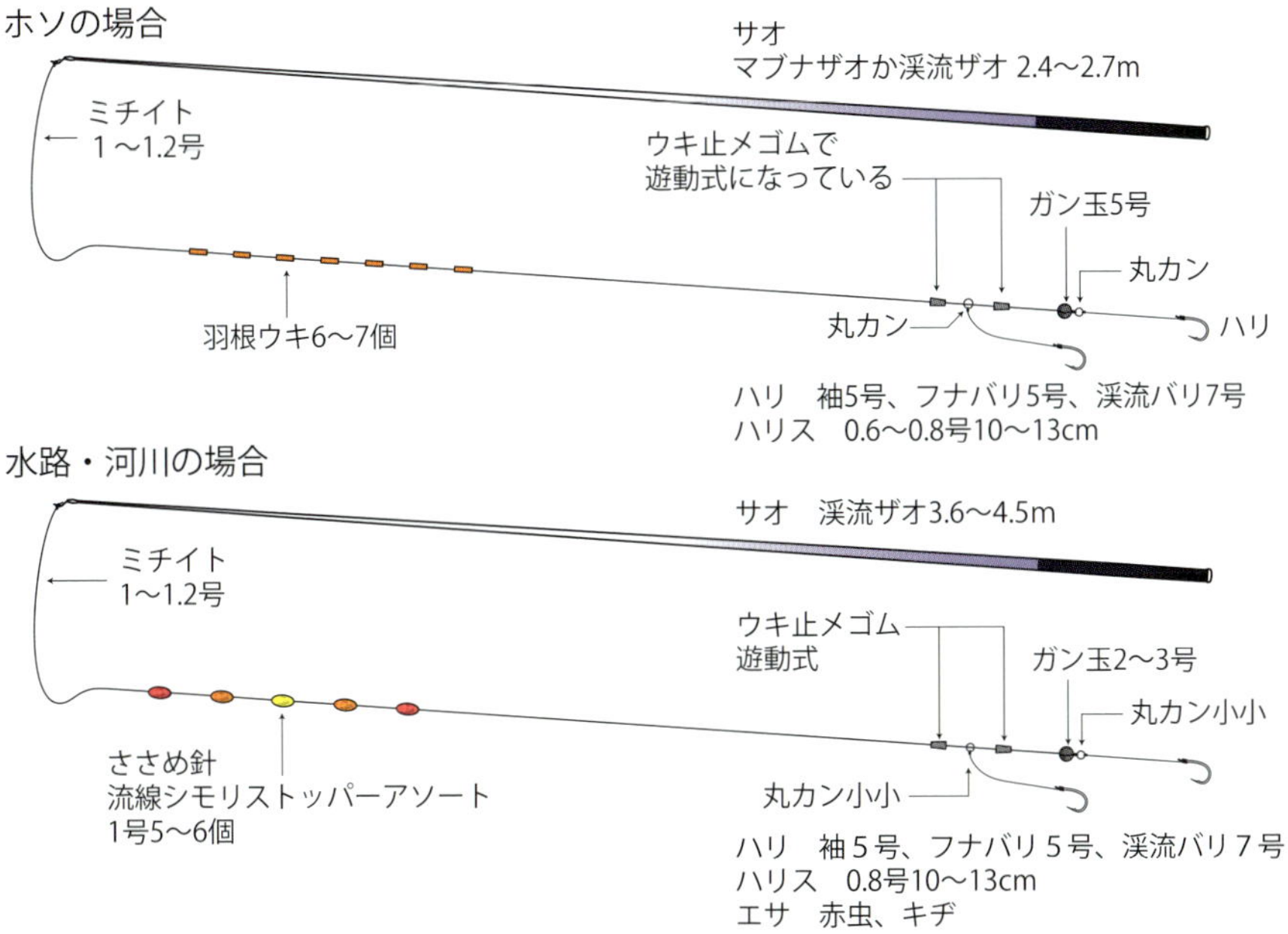
ホソの場合
サオ
マブナザオか渓流ザオ 2.4〜2.7m
ミチイト
1〜1.2号
ウキ止メゴムで
遊動式になっている
ガン玉5号
丸カン
ハリ
丸カン
羽根ウキ6〜7個
ハリ　袖5号、フナバリ5号、渓流バリ7号
ハリス　0.6〜0.8号10〜13cm
水路・河川の場合
サオ　渓流ザオ3.6〜4.5m
ミチイト
1〜1.2号
ウキ止メゴム
遊動式
ガン玉2〜3号
丸カン小小
ささめ針
流線シモリストッパーアソート
1号5〜6個
丸カン小小
ハリ　袖５号、フナバリ５号、渓流バリ７号
ハリス　0.8号10〜13cm
エサ　赤虫、キヂ

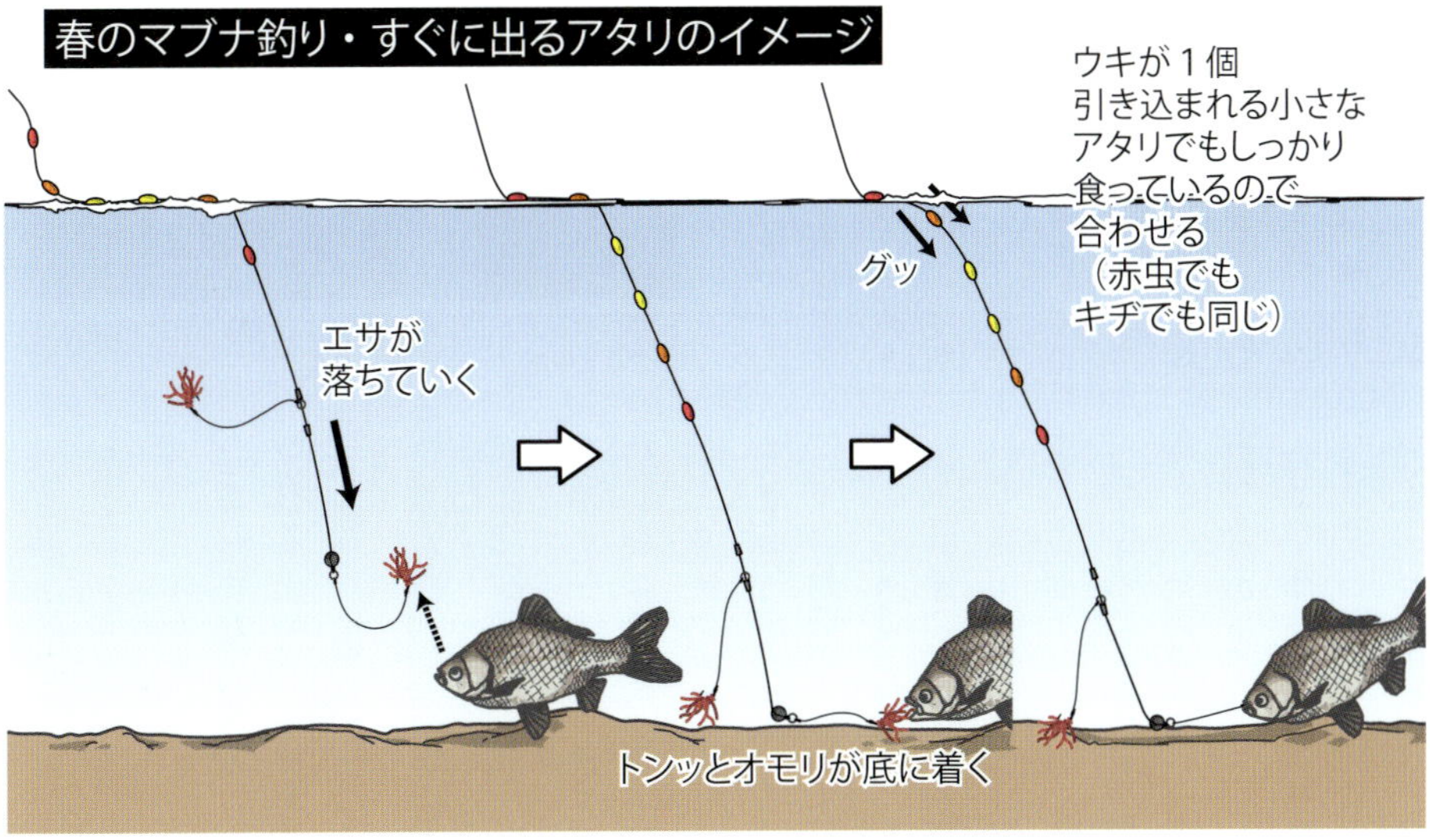
春のマブナ釣り・すぐに出るアタリのイメージ
ウキが１個
引き込まれる小さな
アタリでもしっかり
食っているので
合わせる
（赤虫でも
キヂでも同じ）
グッ
エサが
落ちていく
トンッとオモリが底に着く

初夏からのテナガエビ釣り基本講座

早いところではゴールデンウイークには釣り場に人が並ぶ。シーズン本番は6～7月の梅雨時。霞ヶ浦本湖や釣りができる公園の池などでは晩秋まで楽しめる。

釣り場

利根川、江戸川、荒川、多摩川等の下流域で消波ブロックやゴロタ石周り、コンクリートブロック帯が釣り場となる。霞ヶ浦本湖・手賀沼など湖沼の消波ブロック帯やゴロタ石周りでも釣れる。みさと公園や元淵江公園など、公園で楽しめる所も多い。公園の池では池全体が釣り場となる。

道具・エサ

サオは1・5～3m小ものザオを使う。出番が多いのは1・5、1・8、2・1mで、ズーム式だと大変便利である。

仕掛けは足付き玉ウキ1個の仕掛けが一般的。僕はマブナ釣りのシモリ仕掛けを流用しているが、沈んでいるウキの動きがよく分かってなかなか使い勝手がよく、シモリ仕掛けもおすすめだ。

ミチイト1～1・2号をサオいっぱいに取り、足付き玉ウキもしくは0号ナツメ型シモリウキを4～5個通して自動ハリス止を結ぶ。オモリはガン玉2号もしくは3号で、必ずウキの浮力よりもオモリが勝るようにする。ハリはエビバリのほか、超小型が多い釣り場ではタナゴバリも効果的。

根掛かり多発地帯では、新小岩・竿しば釣具店の十字テンビン仕掛けが活躍する。消波ブロック帯やゴロタ石周りでも有効で、大変便利な仕掛けだ。足付き玉ウキ6～7号＋十字テンビンでバランスが取れる。

エサは赤虫が一般的。1匹のチョン掛けでよいが、小型が多く掛かりが悪い時は通し刺しにする。

ヤジロベーのような独特の形状の十字テンビン仕掛けでダブルヒット

道具・エサ

河川のテナガエビ釣り場は、潮の干満が影響する。釣り場によって上げ潮時がよい所と、下げ潮時がよい所がある。消波ブロック帯では上げ潮時がよい。消波ブロックの形はさまざまだが、いずれにしても消波ブロックの隙間に仕掛けを入れていく。玉ウキの場合は、ウキが水面下5～10㎝に沈むように調節することでウキの抵抗を少なくし、テナガエビへの違和感を軽減させる。

また、テナガエビの通り道を見つけることが大切で、この道を見つけることが出来れば次から次へと釣れるアタリポイントになる。

テナガエビ

玉ウキ仕掛け

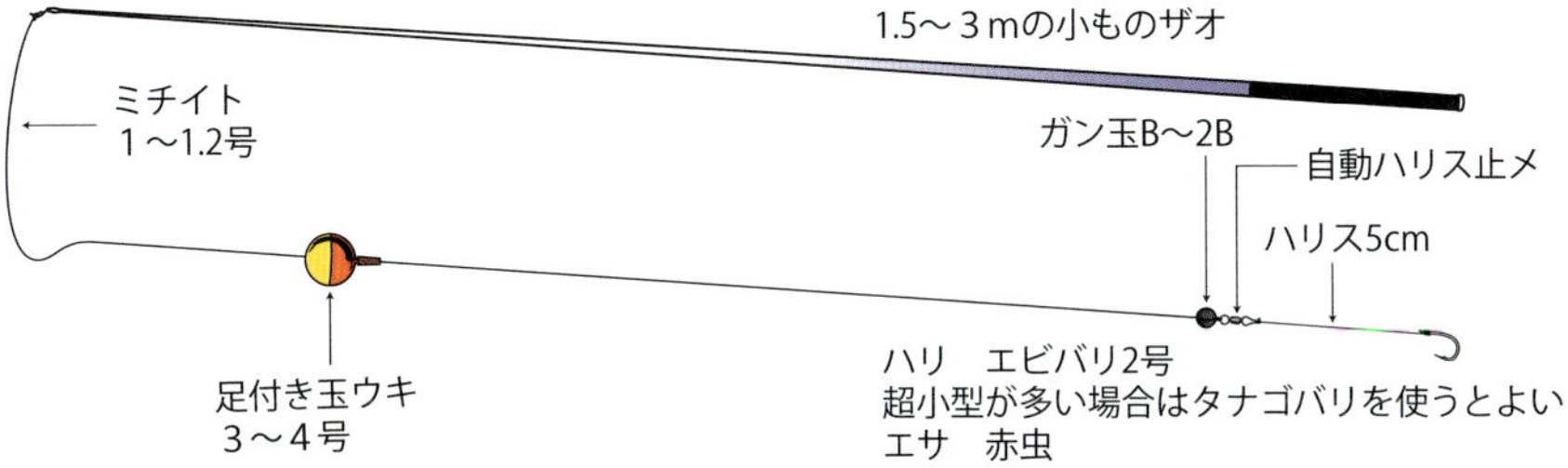

シモリ仕掛け

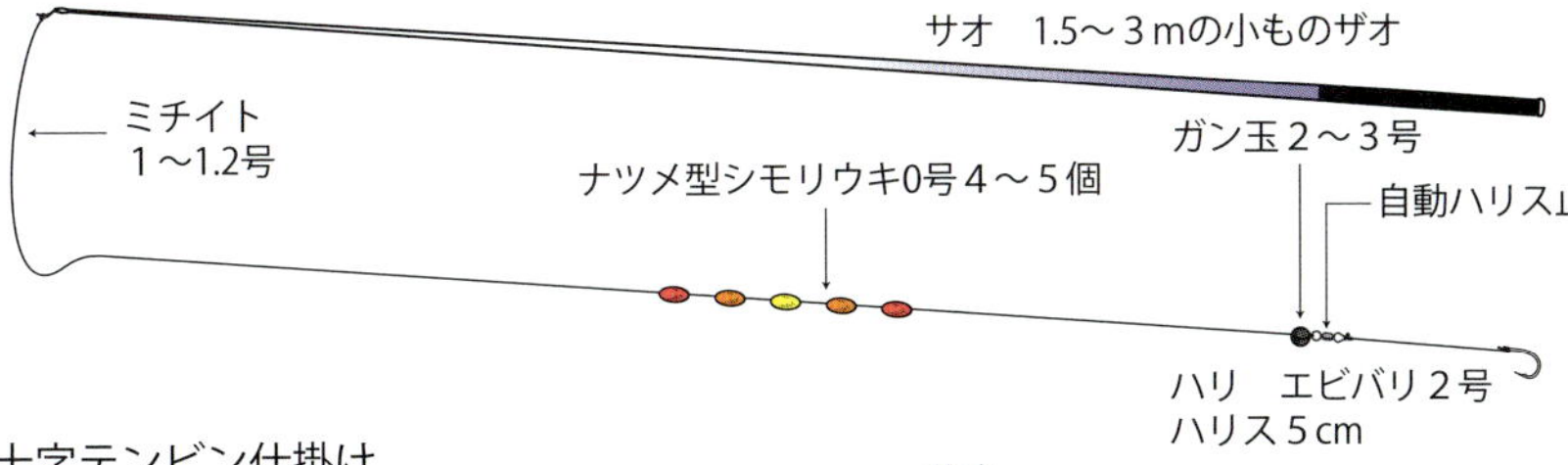

十字テンビン仕掛け

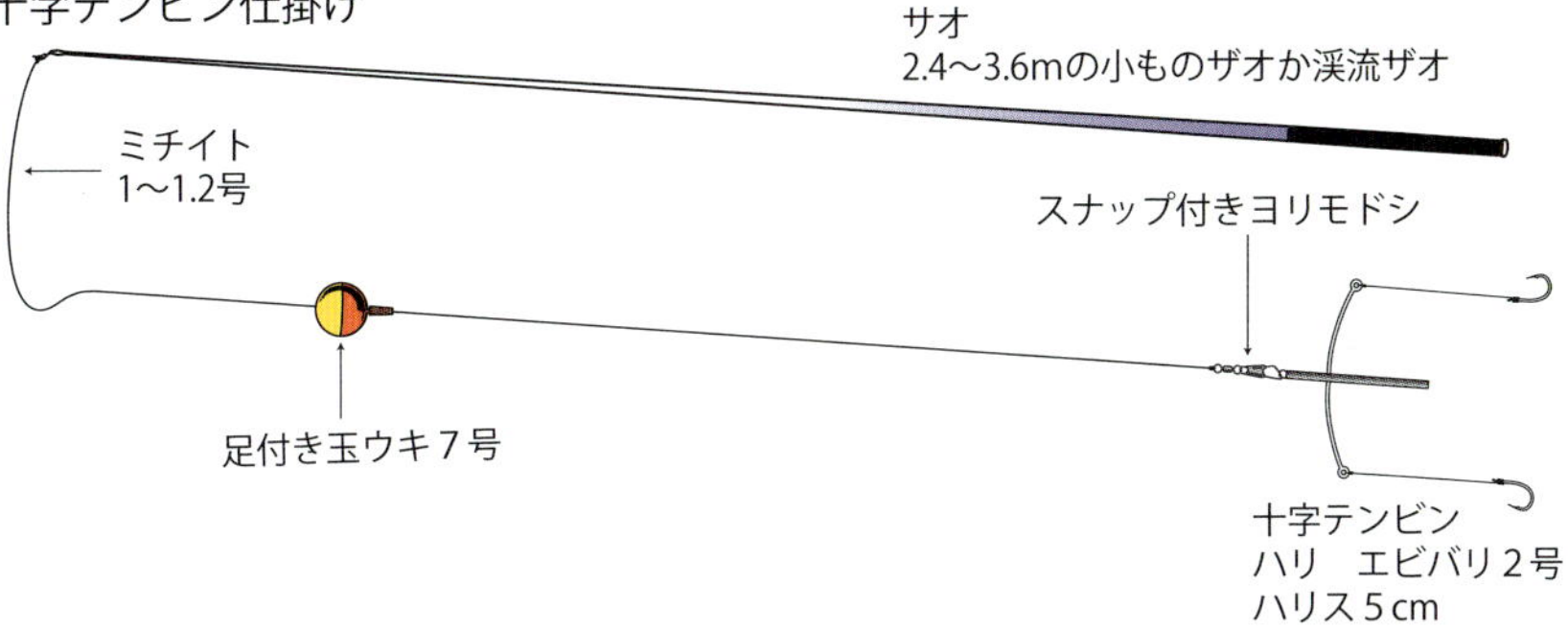

逆に、30〜60秒待ってもウキに変化がなければハズレなので、即座にポイントを変えよう。

ゴロタ石周りでは、満潮近くだと潮が高すぎて釣りづらい傾向にある。ゴロタ石が被っているくらいが釣りやすいと思う。ここでも石と石の隙間に仕掛けを入れていく。テナガエビがいればすぐにウキが動くはずで、消波ブロック帯と同様、反応がなければ躊躇せず移動しよう。

アワセのタイミングは独特

テナガエビ釣りでは、アタリがあってもすぐに合わせてはいけない。最初は長いハサミでエサを持っているだけで、住処《すみか》に戻ってはじめて捕食するからだ。

ウキが動いて、止まったら静かにサオを上げる。ハリ掛かりしていれば、クンックンックンッと小気味よいキックバックの引きが伝わってくるはず。静かに引き上げよう。もしエサを放してしまっても、もう一度仕掛けを入れると食ってくることが多いのであわてないように。

正直にいうと、僕は短気でテナガエビのアタリが出てからの待っている間が待てない。だから僕のような方はサオを2～3本並べるのがいい。1本ザオだとどうしても早アワセになってしまいがち。複数のサオを並べることでよい“間”が生まれ、テンポもよくなると思う。

また、30～60秒で一定の時間がきたらサオを上げてみるタイム釣りも有効だ。

湖沼や公園の池は潮の干満が関係なく、潮を気にせず釣行できるのが特徴。河川のテナガエビに比べるとサイズは小さいようだ。ここでも河川の釣りと同様に複数のサオを並べて釣るのがよい。

テナガエビは入れ掛かりになると、次から次へと釣れてきて忙しい釣りになり、非常に楽しい。良型の引きは思いのほか強く、釣りあげるまでハラハラ・ドキドキする。釣行後は食べる楽しみもある、魅力の多い釣りだ。

テナガエビの釣り場

霞ヶ浦の消波ブロック帯

ゴロタ石のポイント

釣り可能な公園の池にもテナガエビがいることがある

テナガエビのポイント

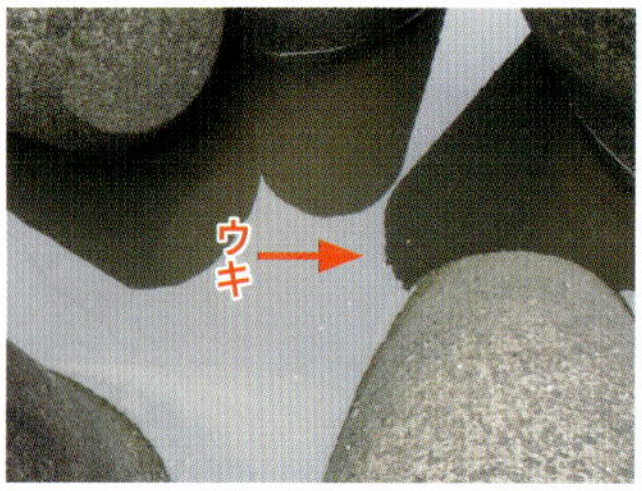

消波ブロックやゴロタ石などの、すき間や穴をねらって仕掛けを入れていく

2～3本サオを並べて釣るとよい

フカセ釣りで掛かったきれいなオスヤマベ

初夏からのヤマベ釣り 基本講座

エサと毛バリで初夏から秋まで楽しめる人気の小もの釣り。婚姻色の出たオスヤマベは華麗な美しさだ。

サオ

ヤマベの引きを最大限楽しめるヤマベ釣り専用のハエザオが軽くて一番よい。使用する長さは釣り方によって異なるが、3・6～4・5mが一番使われる。立ちウキの多段シズ仕掛けでは3・6～4・5m、フカセ釣りは4・5m、毛バリ釣りでは3・9mである。

釣り方&仕掛け

ウキ釣り

流れの緩やかなポイントでの釣り方で、ハエ（ヤマベ）用立ちウキを使用。ウキに記された4や5などの数字は、オモリのガン玉8号の使用個数を示す。ミチイトは0・3～0・4号をサオいっぱいに取り、自動ハリス止を結ぶ。ハリはオーナー白ハエヤマベ、がまかつヤマベ3号など。ハリス0・3～0・4号10～15㎝。エサはサシ、グルテン等の練りエサ。コイがいる場所が多いので寄せエサを使うことは少ない。

清流でも流れが緩いか水深があるような場所で底すれすれを流す。アタリはウキがスパっと入るのでそれを合わせればよい。

フカセ釣り

夏から初秋、水深の浅い瀬を釣る時の方法。基本形はミチイト0・3～0・4号に木製玉ウキを通し、ハリスと直結か丸カン極小を結ぶ。ハリはオーナー白ハエヤマベ4号、ハリス0・4号15㎝。

僕は木製玉ウキの下に山吹ウキや羽根ウキを2個通し、木製玉ウキをポイントに送るための飛ばしウキとして使い、山吹ウキや羽根ウキの動きでアタリを取る。オモリは付けない。エサはサシをチョン掛けにする。

ねらうポイントは水深10～30㎝の瀬。ウキ下を水深の1・5～2倍取る。上流に仕掛けを振り込み、流れていく山吹ウキか羽根ウキが引き込まれたり、流れと反対に向

ヤマベ仕掛け

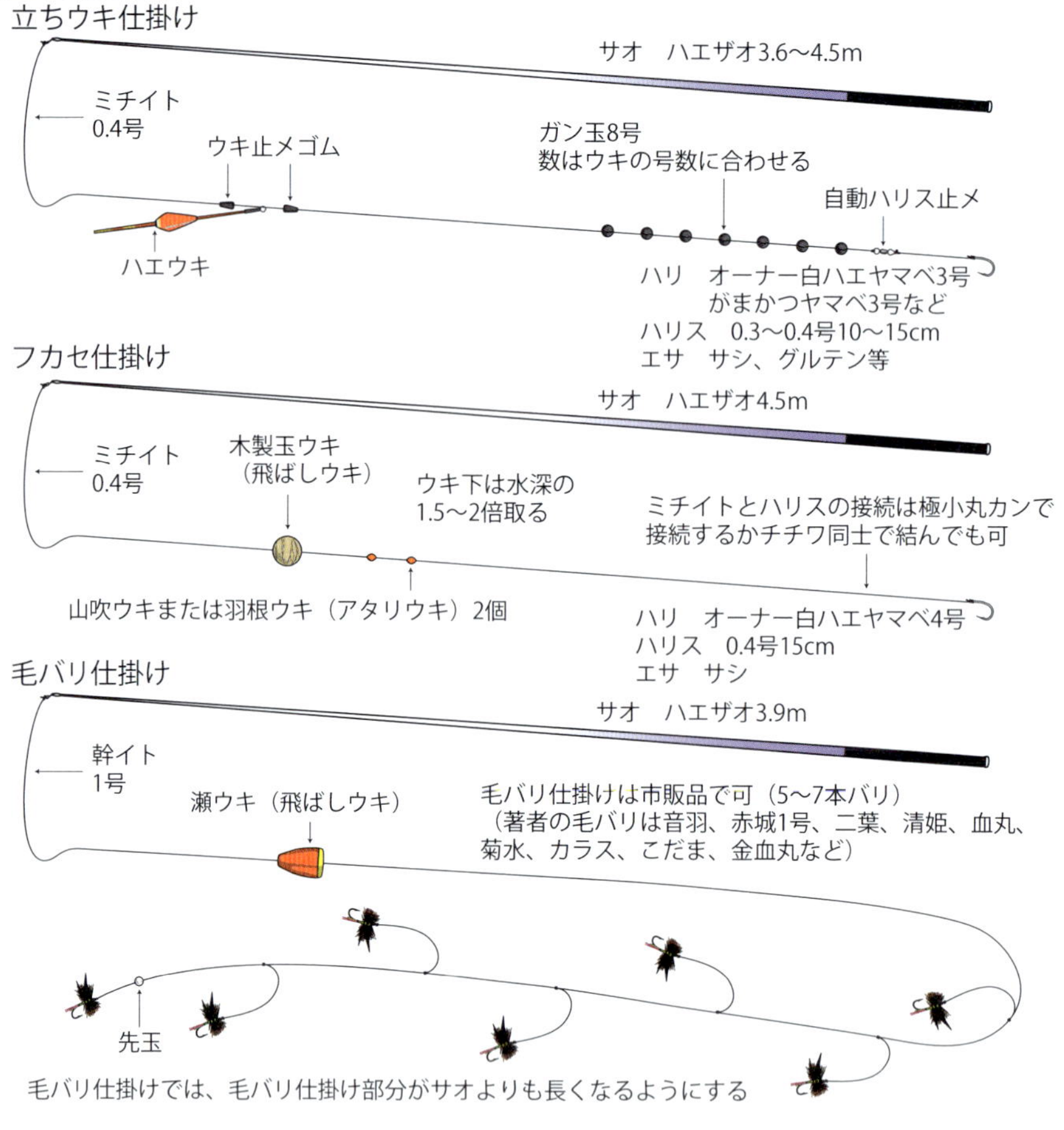

いたりするのがアタリだ。

盛夏、オスヤマベは10㎝くらいの浅瀬にいることが多く、フカセ釣りで探ると婚姻色の出た立派なオスヤマベが釣れる。

川に立ち込むことも多いのでウエーダーを履くのが望ましい。また、浅いポイントを釣るので立っているとヤマベに警戒心を与えやすく、ひざをついて川に半立ちの状態で釣りをするとよい。

毛バリ釣り

僕が一番好きな釣り。エサいらずでお手軽、初心者にもおすすめ、ガンガン釣れる面白い釣り方だ。アタリが手元にダイレクトに来るし、時には毛バリに飛びつくヤマベを目視できて刺激的。

仕掛けは市販品の完成仕掛けを使うとよい。大切なのはサオの全長よりも仕掛けを１ｍほど長くすること。毛バリ釣りではハエザオは３・９ｍが標準で、この場合仕掛け全長は５ｍ弱になる。５本バ

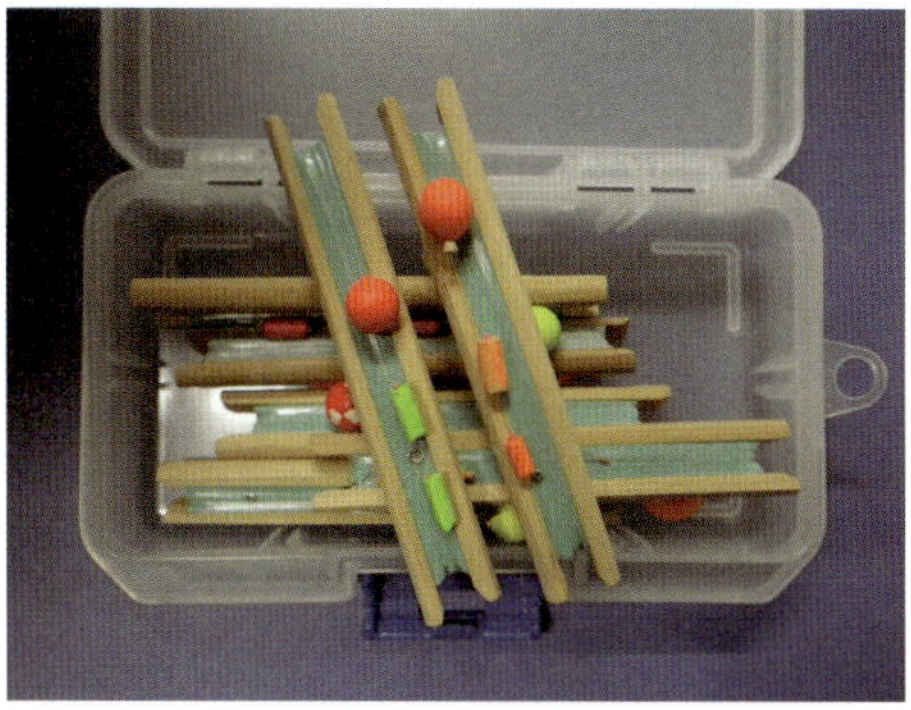
フカセ仕掛け

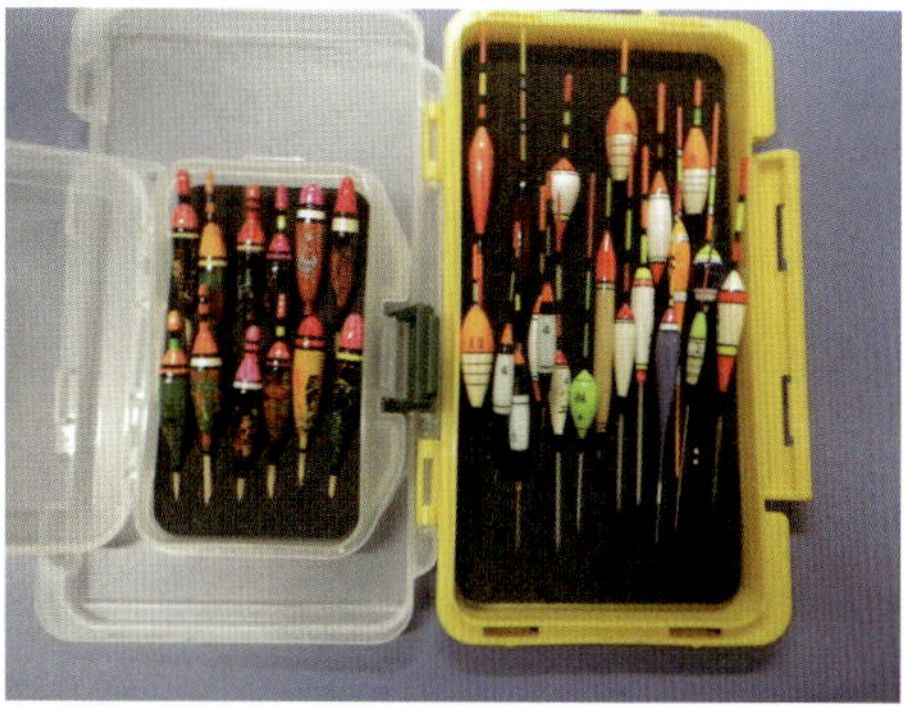
立ちウキいろいろ

フカセ仕掛けで浅場を釣る

このようなトロ場はウキ釣りに向いている

リと7本バリがあるので、5本バリ仕掛けで始めて、慣れたら7本バリを使うとよいだろう。

毛バリ仕掛けを自作できる人は、幹イト（ミチイト）はナイロン1号をサオいっぱい。飛ばしウキとなる瀬ウキにはタコ糸を通して両サイドに結びこぶを作る。幹イトと毛バリ仕掛けは、それぞれ瀬ウキのタコ糸にチチワで付ける。

毛バリは、僕がよく釣れると思うのは清姫・菊水・音羽・白雪・白雪二号・こだま・赤城一号・血丸・金血丸・二葉。夏は濃い色、冬は淡い色がよいとされるが大差はないと思う。

初心者に毛バリ釣りがよい理由は、毛バリを流してくれる流れの強さがあれば、このような流れはすべてポイントになるからだ。そして毛バリ釣りは向こうアワセでヤマベが勝手に掛かってくれる。

難関は振り込み。立ち位置よりもやや下流に振り込む。おっかなびっくりやるよりは勢いよく振り込むほうがうまくいくはず。振り込んだらサオ・幹イト・仕掛けが一直線になるように扇型に岸寄りまで毛バリを流す。幹イトがたるんだり毛バリ仕掛けが絡まっていると釣れないので、全体を張った状態にすること。

ヤマベが掛かったら、静かに水面をすべらせるように引き寄せて取り込む。引き抜くと毛バリ仕掛けが絡まりグチャグチャになってしまうので絶対しないように。

毛バリ釣りではアタリがあっても掛からないケースが多い。5割もハリ掛かりすればよいだろう。また同じポイントを何度も流さないこと。毛バリを見切られてしまうので、一歩二歩下流に動いて新しいポイントを流すことが大切だ。僕は1つのポイントで2～3回しか流さない。どんどん釣り下ることが数を多く釣るキモである。

基本的に向こうアワセだが、アタリがあるのに全然ハリ掛かりしないことがある。このような場合、アタリがあった時にサオを手前に

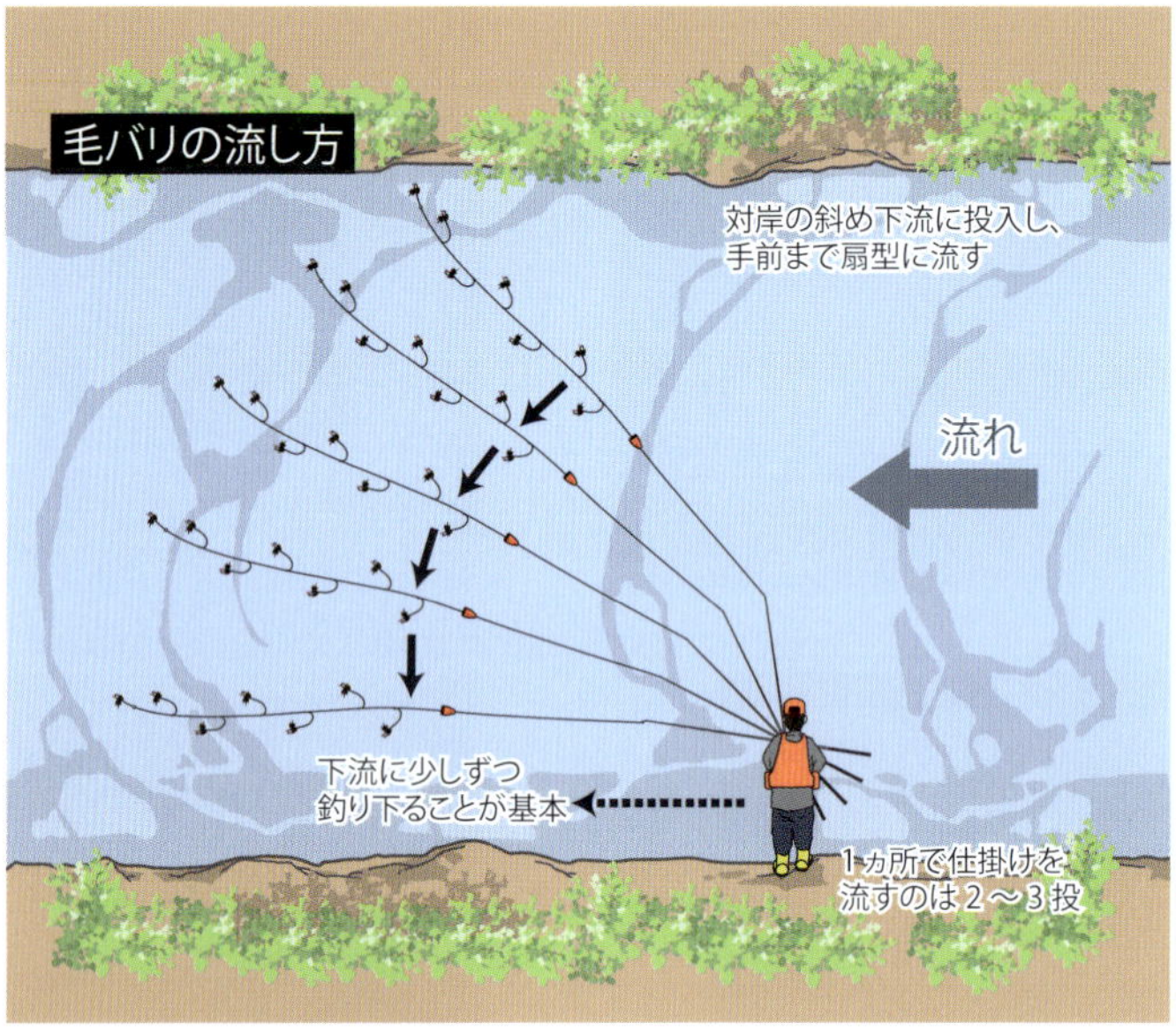
毛バリの流し方
対岸の斜め下流に投入し、
手前まで扇型に流す
流れ
下流に少しずつ
釣り下ることが基本
1ヵ所で仕掛けを
流すのは2～3投

ハヤ・ヤマベ
毛鈎仕掛
5本
OWNER
R-720

市販の完成毛バリ仕掛け

毛バリ仕掛けは毛バリ（左）、瀬ウキ（中）、幹イトの3パーツから成る

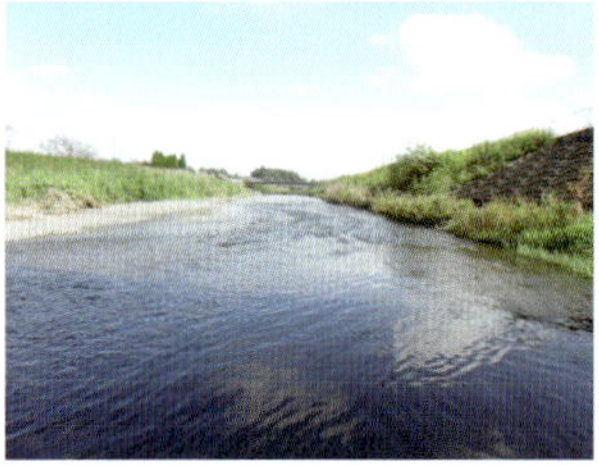

毛バリ釣りのポイントの流れ

引いて自分から合わせにいく。

　チャラ瀬のような変化の少ない流れでは、小刻みにサオを上下させて毛バリを動かすと反射食いが期待できる。逆に流れが強いポイントでは、流れに任せて毛バリを流したほうがよい。

　主なポイントは、瀬が始まる手前の鏡のような流れはヤマベが集まる。流れがヨレている場所もよい。流れと石、流れと流れがぶつかる場所もねらいめだ。

　仕掛けを流してみてアタリがないことも多い。その場合もどんどん釣り下ったほうがよい。釣れるポイントではすぐ毛バリに反応するはずで、ポイントを見つけ出してもらいたい。一流しでダブル、トリプルもある。複数掛かったら上のヤマベから外すこと。

　最後に毛バリ釣りの注意点として、河川ごとに毛バリ釣りが出来る解禁期間が設定されているので、期間を守って楽しんでほしい。

夏のハゼ釣り 基本講座

シーズン初期のハゼは食いが活発で、老若男女を問わず気軽に楽しめる小もの釣りの人気者。

サオ・仕掛け

2・1〜2・4、3・6、4・5mのハゼザオや渓流ザオの出番が多い。そして、そこで釣れる一番短いサオを選ぶ。短いサオを使う利点は、手返しよく釣りが出来ることとアワセがしっかり利くことで、数を釣るにはこの2点が重要である。

仕掛けは、数を釣るなら素早くアタリが取れるミャク釣り仕掛けが一番よい。2・1〜3・6mザオの場合、ミチイトはフロロカーボン1号をサオいっぱいに取り、中通しオモリ0・5号か0・8号を通し自動ハリス止を結ぶ。4・5mザオならフロロカーボン1号もしくはPEライン0・6号を使用する。サオが長くなるとPEラインの感度のよさが際立つ。

ハリはオーナー・ハゼライト5〜6号を好んで使用している。細

夏のハゼ仕掛け

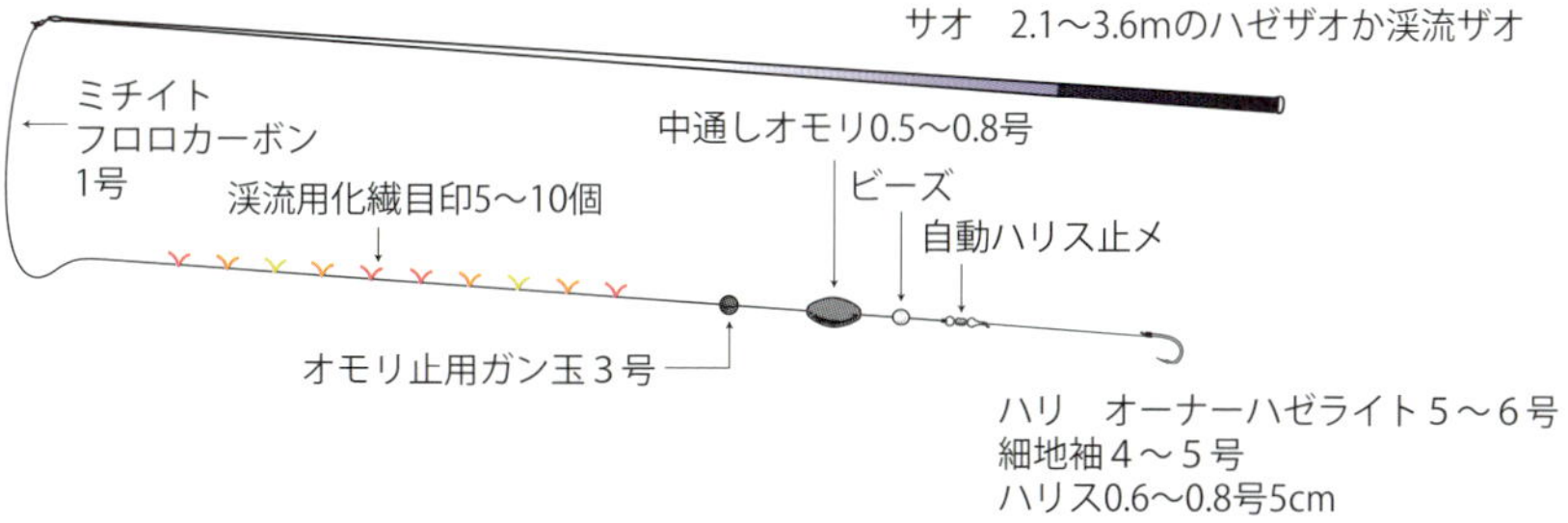

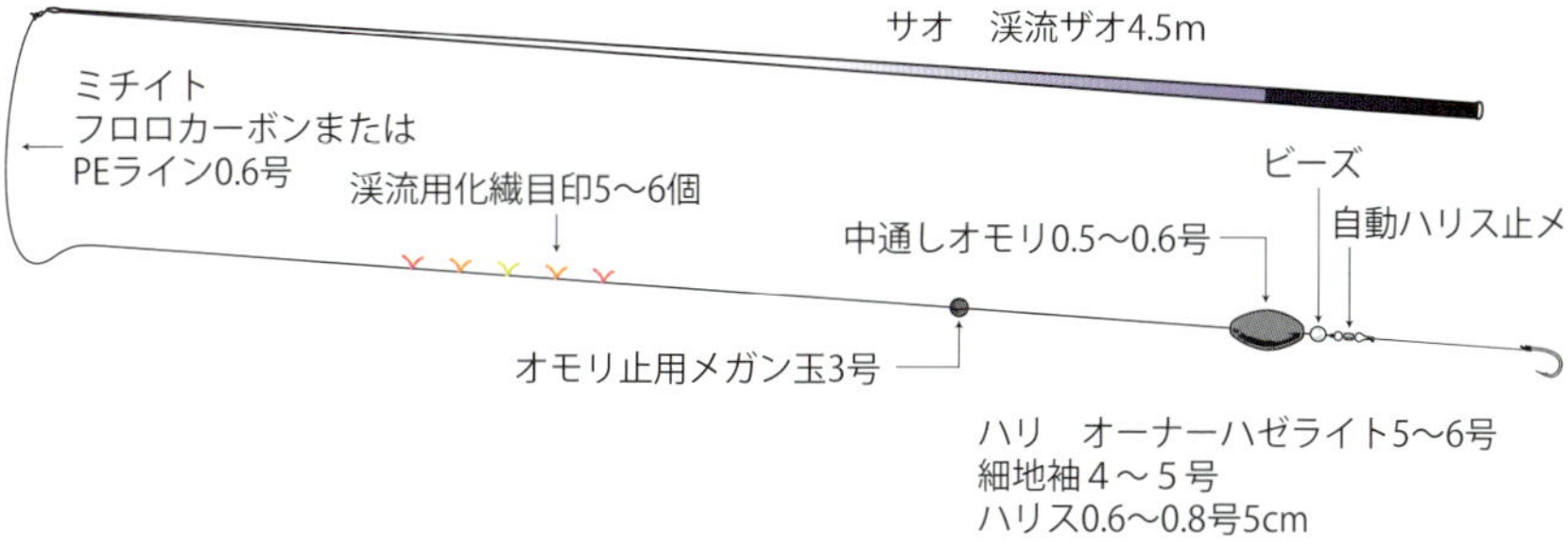

アオイソメはタラシを出さず小さく付ける

ハゼほたては常温保存が利くので大変便利

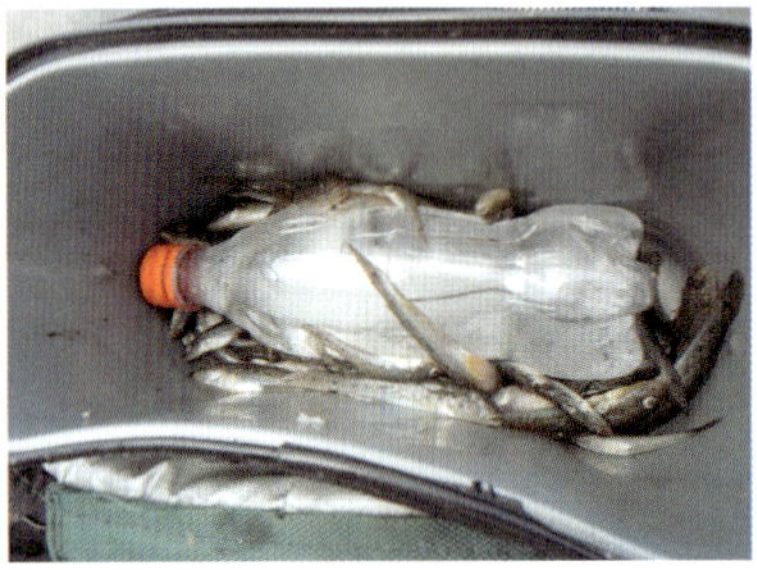

凍らせたペットボトルをビクに入れておくと釣ったハゼの鮮度を保てる

都心で手軽に釣れるのも魅力

軸でハリ掛かりがよく、食い込みもよいと感じる。細地袖4〜5号も使い勝手がよい。ハリスは0・6〜0・8号5㎝。夏のハゼ釣りでは短いハリスが基本だ。

　ミチイトには渓流用の化繊目印を5〜10個付けておくと便利。

　僕が中通しオモリを使用する理由は、夏のハゼ釣りでは浅場がほとんどで流れが強い場所を釣ることもほぼなく、オモリを交換することがないから。中通しオモリ仕掛けはハリスが仕掛けに絡むトラブルが少なく、ハゼも違和感なくエサをくわえられると思う。

エサ

アオイソメがメインで、タラシを出さず小さく付けるのが基本。チモト側にアオイソメをこき上げてエサを大きく見せてもよい。

　僕はやわらかい胴の部分をカットして使うことが多い。硬い頭の部分はエサ持ちがよいが、食い込みはイマイチよくない印象をもっている。よほど食いがよい時以外、頭部はあまり使わない。

　虫エサが苦手な人にはマルキユー・ハゼほたてがおすすめ。繊維を引っかけてハリ先にまとめるように付けるとハゼの吸い込みがよく、エサ持ちもよくなる。常温保存が利く点も便利だ。

釣り方

常に念頭に置いてほしいのは、アタリはすぐに出るということ。夏のハゼはエサに興味大なので、争うようにエサを食べにくる。仕掛けを振り込んでオモリが着底したら軽くイトを張り、5秒でアタリが出ないと「あれ?」と思ってよい。待っても10秒までで、アタリがなければ空アワセをして仕掛けを振り込み直す。

　アタリの出方は手元にコンッやコツッと伝わるのが一番で、ブルブルッとくる大きなアタリは、ハゼがエサをくわえて逃げる時なのでハリ掛かりが悪い。逆に、手元

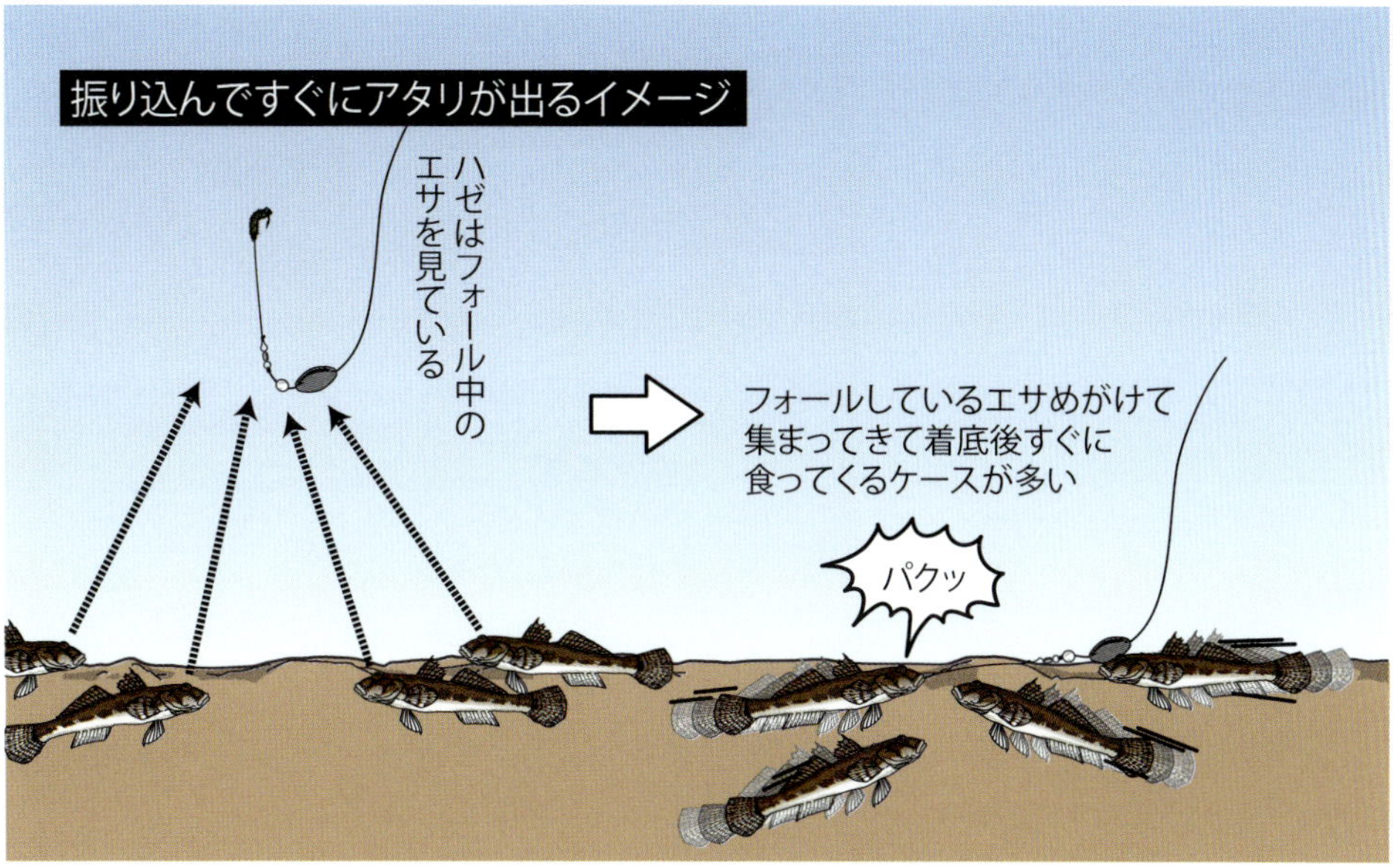

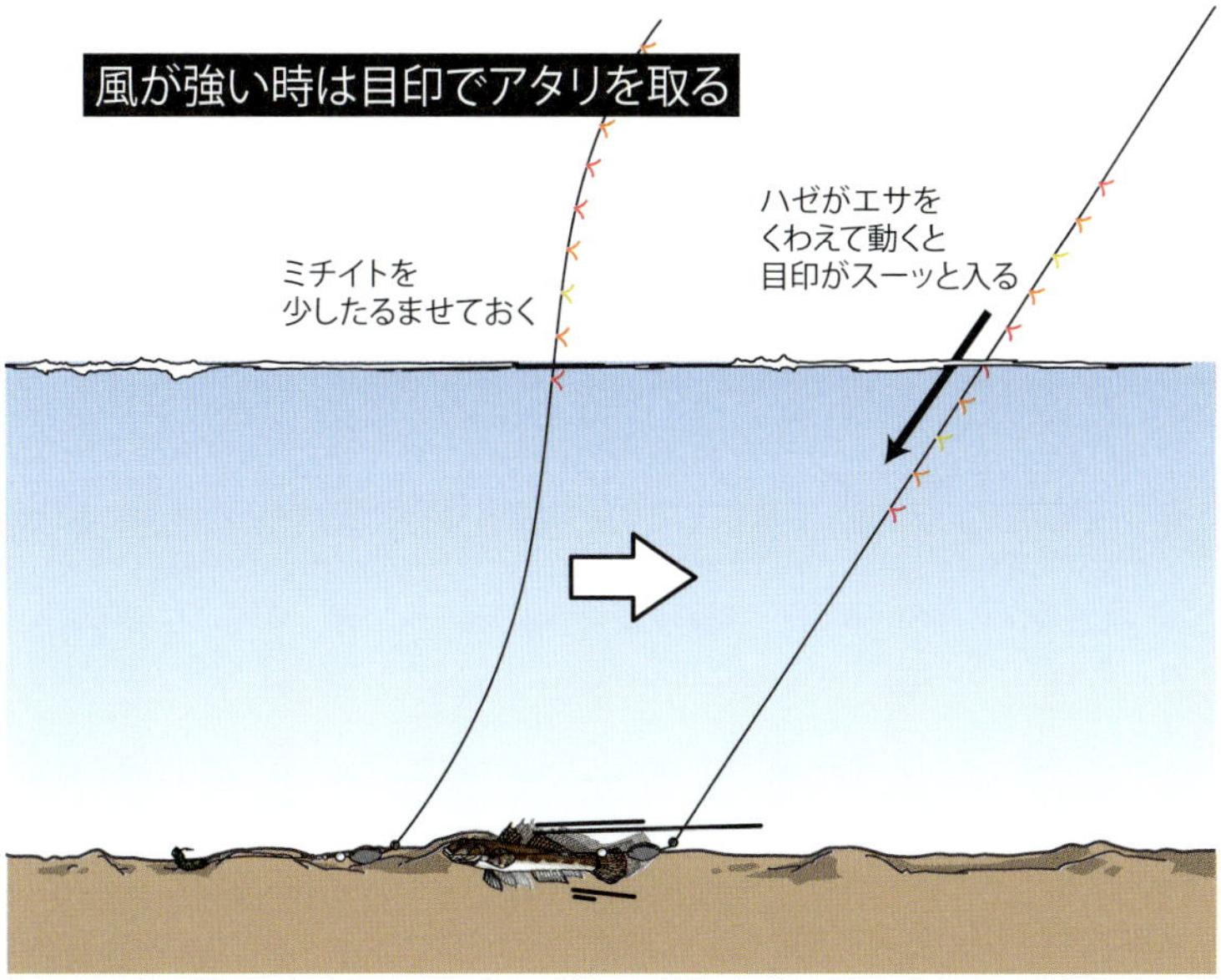

にかろうじて感じる違和感＝「モタレ」や「ノリ」が感じ取れると、飛躍的に数が伸びる。

アタリはあるけど食い気が悪いような時は、仕掛けを上下に動かしトントンとオモリで底を叩くような誘いをかけるとよい。また、東京都内の運河のように直線的な場所で釣りをする場合、サオ先を注視するとよい。手元に感じなくても、サオ先がツッツッと引き込まれることでアタリが取れる。

夏場は水深の浅い場所がポイントになる

ミチイトに付けた化繊目印は強風時に威力を発揮する。ミチイトを少したるませて目印を注視すると、スッと引き込まれるアタリが出る。これを取るとよい。

　順調に釣れていてもアタリがあるのに掛かりが悪くなってきたら、左右に1、2歩移動して食いのよいハゼをねらうことも数を伸ばすコツ。スレたハゼを相手にするよりも、食い付きのよいウブなハゼを釣るようにしたい。

　また、アタリがあってもハゼが掛からない時は、エサ付けに問題アリと思ってよい。エサをかじられてハリ先から出ていることもあるので、常にチェックしたい。ある程度釣っていてハゼがバレてしまうことが多くなった時は躊躇せずハリを交換すること。

　ハゼは汽水域に生息するので潮の動きも重要。引き潮時にはハゼは沖へ移動し、上げ潮時には岸寄りに移動してくる。潮止まりの時間帯は食いが悪いので、潮が動いている時に釣りをしよう。

ポイント

東京近郊の水路や運河筋で、釣り場が直線的ではっきりとしたポイントが分からない時は、とにかく釣りをしてアタリがあるかどうかを確認する。アタリがすぐに出るようならそのまま釣り、出なければ動いてアタリを探し出す。

　河川の河口などの釣り場では牡蠣殻や捨て石があればベスト。特に牡蠣殻地帯は、根掛かりが多いがハゼが付くポイントである。そのためハリは多めに持参したい。

　夏のハゼは浅場にいるので魚影を確認出来ることも多い。このハゼを見釣りで釣るのもいい。ハゼがどのようにエサを食ってくるか目視出来る貴重な経験にもなる。

　最後に、近年の夏の暑さは異常だ。連日の猛暑でハゼの食いが悪くなることも多い。僕たちも朝夕の涼しい時間帯に釣行するなど、熱中症には充分注意してハゼ釣りを楽しんでいただきたい。

秋の小ブナ釣り 基本講座

春の乗っ込みから一転、秋は楽しい小ブナ釣りの開幕だ。天高く青空が広がるホソに小ブナ釣りに出かけよう。

釣り場

小ブナ釣りを楽しめる場所は、代表的なところでは霞ヶ浦や北浦等の湖岸に展開する幅1mほどのホソ。このほか、牛久沼・手賀沼・印旛沼周りのホソも有望なポイントがいくつもある。

基本的に、水田やハス田の周辺にある幅1～2mのホソには小ブナがいる可能性がある。

道具立て

サオは探り釣りなら2・1～2・4mのマブナザオや小ブナザオ、小ものザオ。座ってのエンコ釣りは1・2～1・5mの小ブナザオか小ものザオを使用する。

仕掛けは、探り釣りはミチイト0・4号をサオいっぱいに取り羽根ウキを8～10個通した数珠シモリ仕掛けで、上バリと下バリの2本バリにする。イッテコイ式も手前マツリが軽減されて有効。ハリは袖1号がメインでハリス0・4号5㎝。エサは赤虫。仕掛けのバランスはガン玉5号ですべてのウキがゆっくりと沈んでいく遅ジモリに仕上げる。

エンコ釣りではミチイト0・3～0・4号をサオいっぱいに取り、小型の親ウキ＋糸ウキか羽根ウキを5～6個付けミニフックを結ぶ。ハリは袖1号のほか、テトロン糸付きタナゴバリ（流線・新半月・半月）。エサは赤虫・グルテン。板オモリで、親ウキが水面下で止まるゼロバランスか、ゆっくりとウキ全体が沈んでいく遅ジモリに調節する。

ポイント&釣り方

代表的なポイントは支柱周り、排水パイプ（水が出ていなくてもよい）、小橋周辺、ボサ周り、水草周り、クランク、ホソと縦ホソの合流点や縦ホソなど。また小ブナは平場にもいるので、変化のなさそうなホソでも一応仕掛けを入れておきたい。浅場で小ブナがヒラを打つ姿を見つけた時も必ず仕掛けを入れたい。

●探り釣り

1つのポイントに固執せず広く歩く探り釣りは小ブナ釣りの醍醐味。水深30～50㎝が一番釣りやすい。小ブナがいれば、オモリ着底後すぐにウキがツッとかツッツッと引き込まれたり、浮き上がってきたりするはずだ。大きくウキをスーッと持っていくアタリは、だいたいはジャミのクチボソやモロコだ。

ホソの水草周りをねらう場合、待っても10秒。無反応ならくまなく仕掛けを入れて探ると答えが出るはず。アタリがなければ見切り、次のポイントへ動くことを繰り返すのが数を伸ばすコツ。アタリが早いのが探り釣りの利点なのだ。

全然釣れない場所もあれば、4尾5尾と釣れるポイントもあるだろう。小ブナは群れで動くことが

増水で小ブナが中層に浮くイメージ

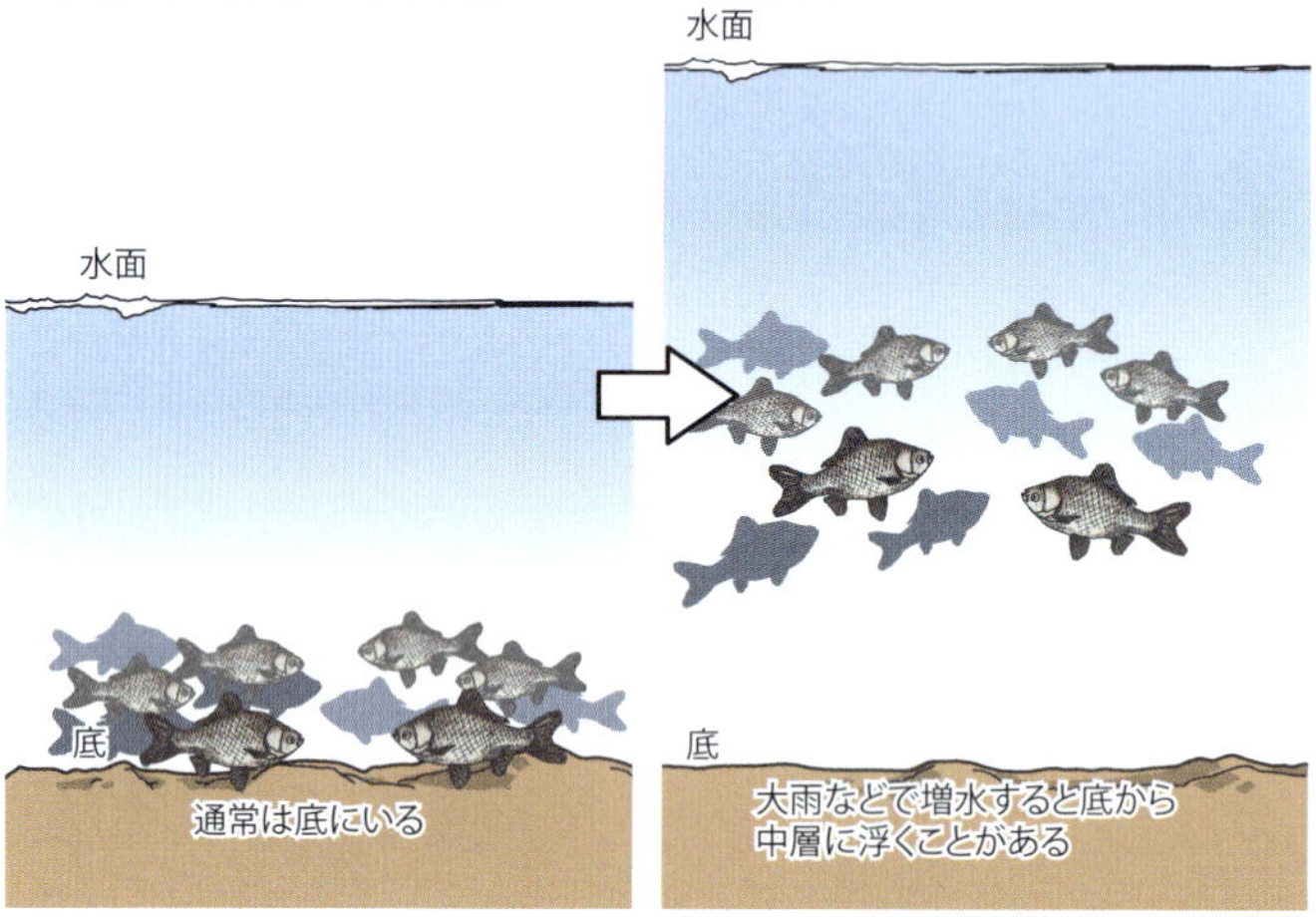
水面
底
通常は底にいる
水面
底
大雨などで増水すると底から
中層に浮くことがある

のどかな秋の小ブナ釣り風景

小橋と浮草周りのポイント

ポイントに当たれば短時間で水箱が小ブナでいっぱいに

ホソに生えた草周りを静かに釣る

多く、溜まり場を見つけたら入れ掛かりになることもある。

平場をねらう場合は、ホソのヘチ寄りだけではなく真ん中も釣ってみること。基本はヘチ寄りだが、小ブナは広く泳ぎ回っているケースが多いので、対岸のヘチ～真ん中～手前ヘチと探ってくるとよい。意外に平場にもいるのである。

●エンコ釣り

探り釣りとは対照的に、ここと決めたポイントをじっくりねらうのがエンコ釣り。エンコとは座ってという意味であるから、折りたたみイスが必需品になる。

水草周りや対岸にボサがかかった場所など、明確なポイントをねらう。小ブナは基本的に底を釣るが、気温が高い初秋や、雨でホソの水位が増えた時などには中層に浮いていることがある。このような時にはエンコ釣りが威力を発揮する。

ゼロバランスの仕掛けで釣るなら、グルテン等の集魚効果が期待できるエサで小ブナが釣れるタナ

秋の小ブナ仕掛け

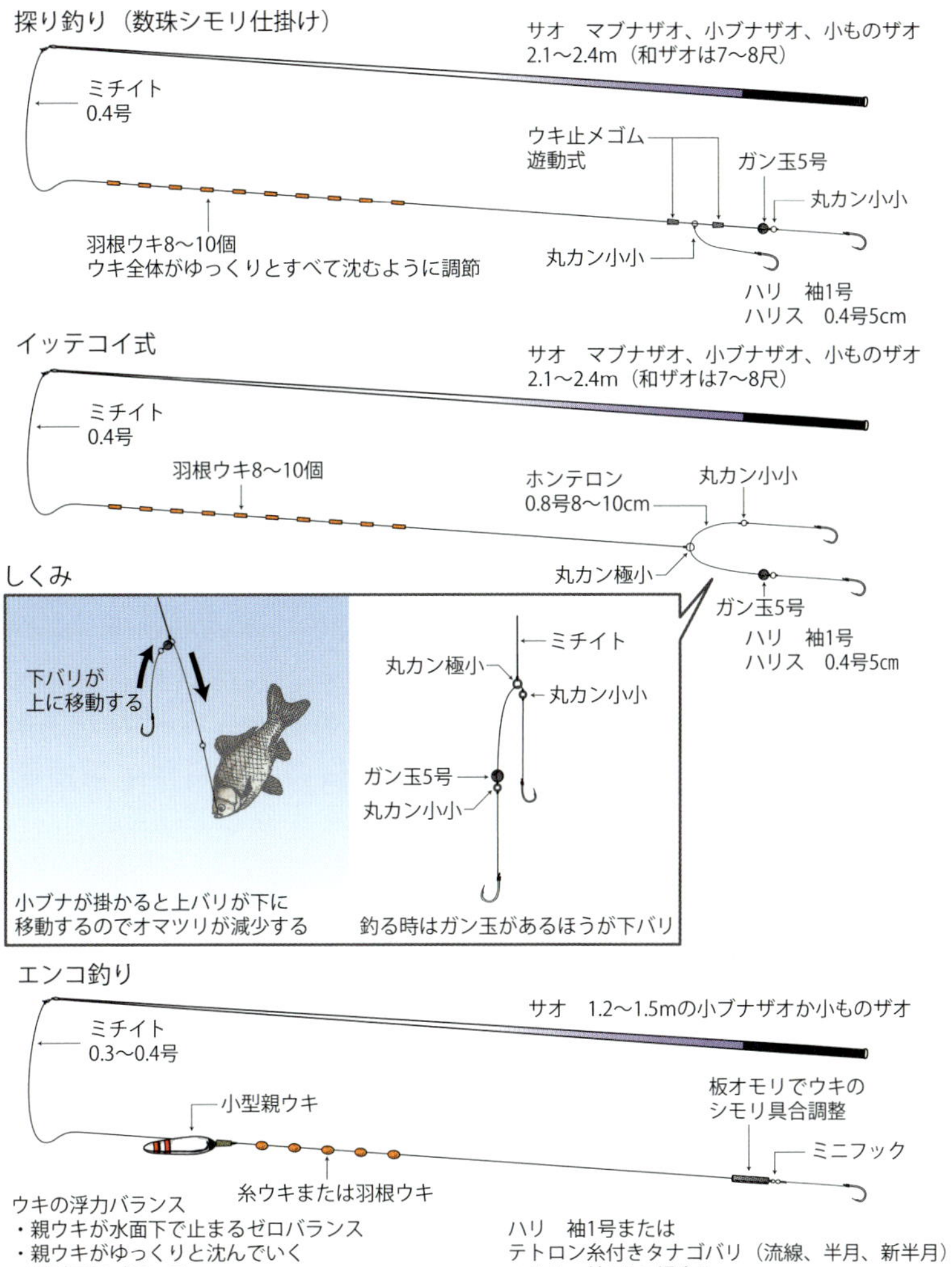

を作る。

遅ジモリバランスの仕掛けで釣るなら、中層から底にかけてゆっくりと沈めていく。沈んでいく途中で止めることも誘いの1つとなる。遅ジモリバランス仕掛けでのアタリの出方は、ウキが引き込まれる、沈んでいくウキが途中で止まる、底に沈んだ親ウキが横に動くか浮き上がってくるなどである。

グルテン等の練りエサで寄せてじっくりと釣るが、目先を変える意味で時折り、赤虫にエサを変えてみるのもよい。

エンコ釣りも探り釣りと同様に、アタリが遠くてあまり釣れない時は移動して大当たりのポイントを見つけよう。

小ブナを探りで釣るか、エンコで釣るかは各自の好み。僕は探り釣りが大好きなので、きっとこれからも探り釣りメインの小ブナ釣りになるだろうなあ。

冬のハゼ釣り基本講座

水温低下とともにハゼは深場へと落ちて来る。落ちハゼ、ケタハゼと呼ばれ15～20㎝級の天ぷらサイズが強い引きを楽しませてくれる季節だ。

釣り場&釣り方

河川ではより河口付近、運河でも浅場から海に近いほうがメインになると考えてよい。本書の釣り場でいえば、神奈川県大岡川では秋までは黄金町周辺で釣れるが、12月になると下流の大岡川夢ロードや、さらに下流の赤レンガパーク辺りまで落ちて来る。都内の運河で釣れていたハゼも、豊洲周辺でいえば水深のある豊洲ぐるり公園周辺などに落ちて来る。

深場をねらうので釣り方は6～7mのサオでミャク釣りか、スピニングタックルを使ったチョイ投げがメインとなる。

仕掛け

ミャク釣りは6～7m渓流ザオを使用。ミチイトはPEライン0・6号をサオいっぱいに取り、下オモリ式（胴突き仕掛け）でオモリ1～2号を水深や潮の速さで使い分ける。ハリは袖か細地袖6号、ハリス0・8号15㎝。

僕は先輩から「ハリスの長さはハゼの大きさに合わせろ」と教わってきたので実行しているが、確かに冬場は長めのハリスが功を奏すると思う。

さらに、ハリのすぐ上にもう1本結んで2本バリにすると、ハゼに対してエサを大きく見せることができてより効果的。ハリス同士は8の字結びで結ぶとよい。

チョイ投げはノベザオよりもはるかに広い範囲を探れる点が有利。2m前後のスピニングロッドに2500番スピニングリールを組み合わせる。ミチイトはPEライン0・6号を巻き、先イトとしてナイロンかフロロカーボン2号を2m付ける。シロギス用テンビンを結び、オモリは1～5号を潮の速さで使い分ける。ハリはシロギス用50本連結を2本ずつカットして使うと便利。

釣り方

渓流ザオでは目いっぱい遠くに振り込んで軽く仕掛けを張って待つ。冬は夏のようにすぐ当たることは少ないが、それでも常にすぐアタリが出ると思って待つこと。釣れる時は意外とアタリが出るのが早い。10～15秒待って反応がなければ、少しずつ手前に引いてまた10～15秒待つを繰り返す。

アタリは手元にコンッ、コツッ、ゴンッとくるからサオを立ててしっかり合わせよう。ロングロッドで掛けた良型ハゼの引きは大変強く魅了されるだろう。

ただ渓流ザオでは釣れる範囲が限られる。そこで手軽にポイントを広く探れるのがチョイ投げだ。根掛かり多発地帯では投げっ放しでアタリを待つのもよいが、それ以外では渓流ザオの釣りと同様に10～15秒待ち、少しイトを巻いてまた少し待つを繰り返す。感度の

冬のハゼ仕掛け

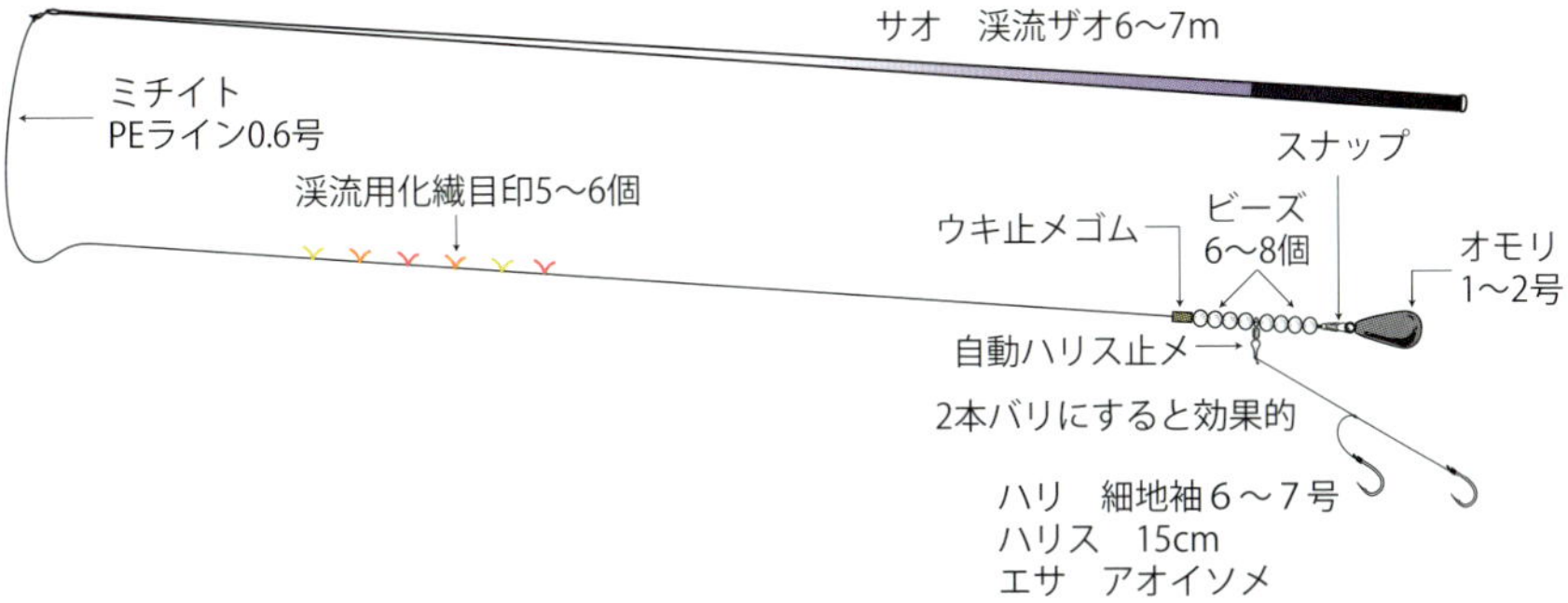

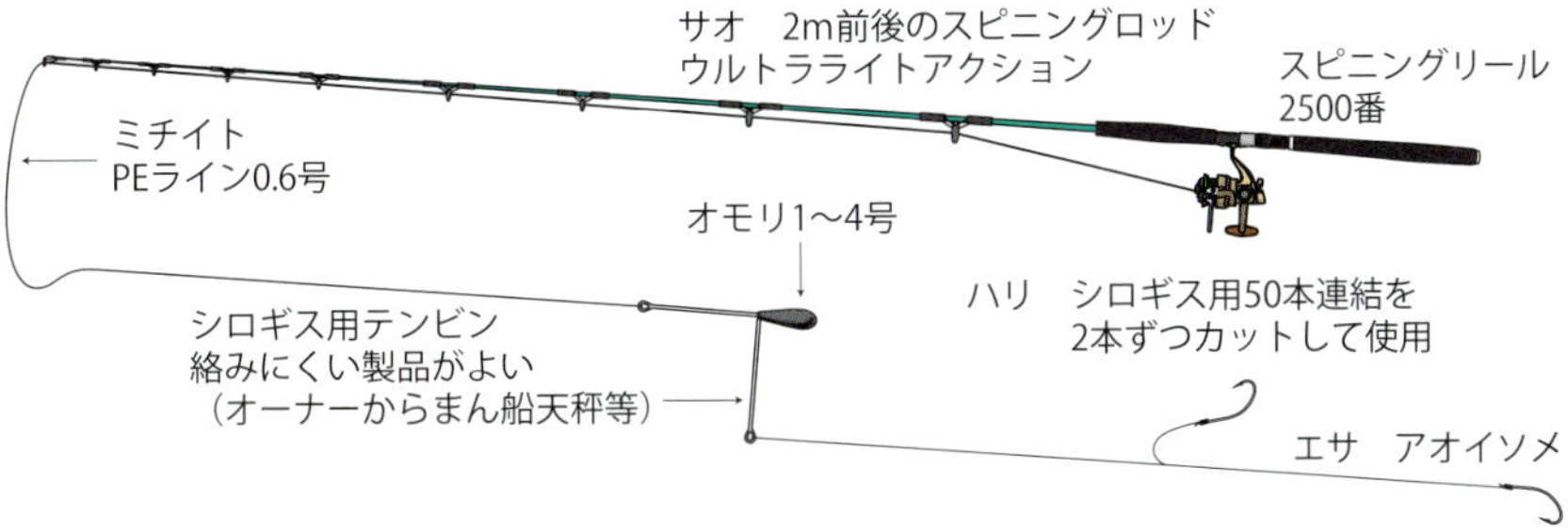

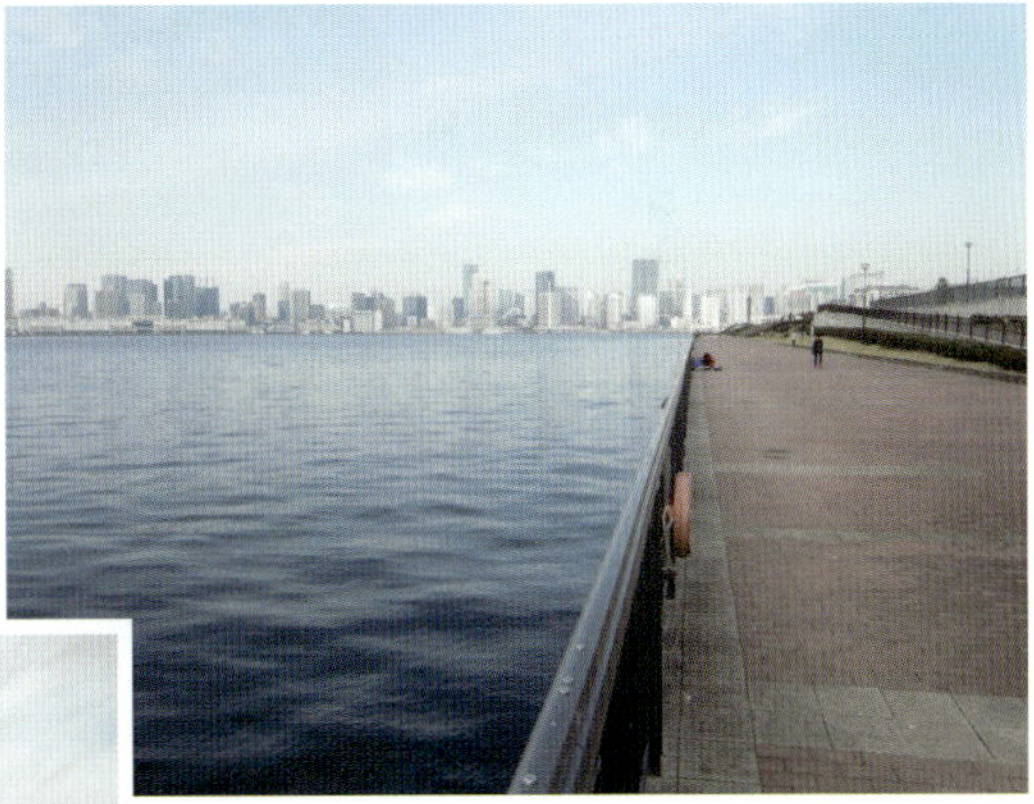

水温低下とともにハゼは深場へ落ちていくので、冬は水深のある場所をねらう

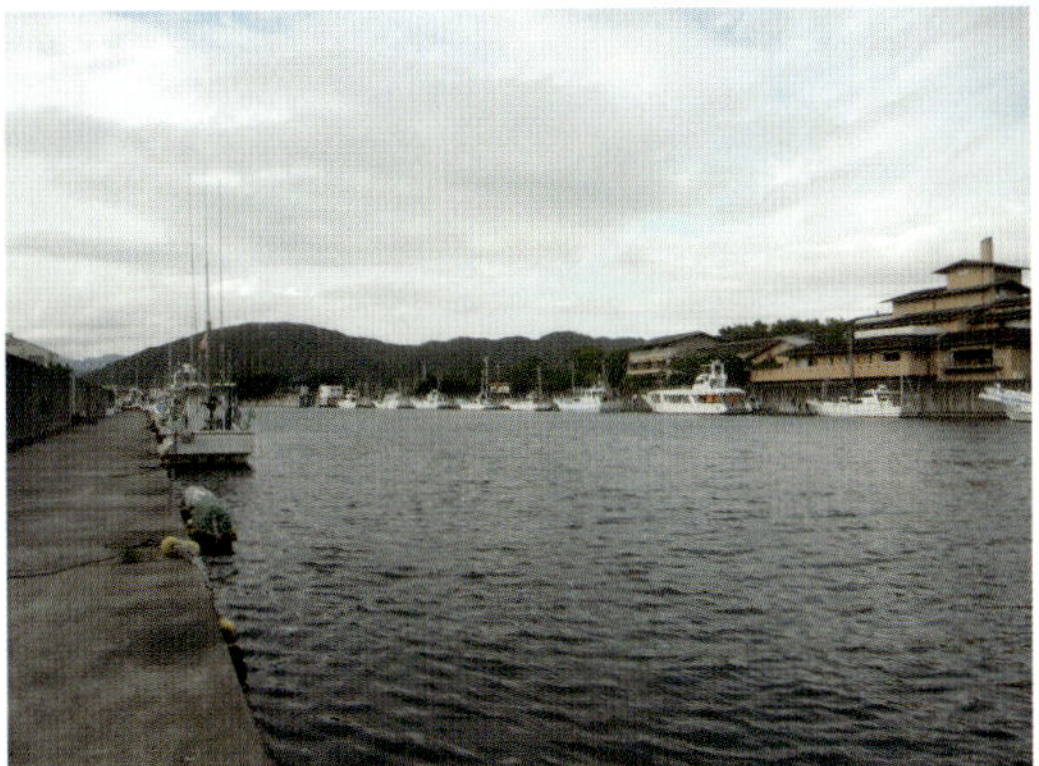

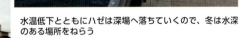

よいＰＥラインを生かしてアタリを積極的に取りにいきたい。

　アタリは渓流ザオの釣りと同様にコンッ、コツッ、ゴンッなど。プルプルと小さくエサをかじるようなアタリはだいたい外道のダボハゼで、マハゼの場合ははっきりとしたアタリが出るはずだ。

　どちらの釣り方でもエサはアオイソメがよい。この時期のハゼは小さいエサには反応が悪く、房掛けでボリュームを持たせよう。

　渓流ザオ、チョイ投げどちらの釣りでもアタリが出ないポイントでは粘らないこと。明確に「ここを釣れ」というポイントはなく、仕掛けを入れてみてハゼがいるかどうかが分かるので、どんどん探ってハゼの居場所を探し出すしかないのだ。そしてアタリがなければ動く。

　チョイ投げ釣りの注意点として、都市部では近年「投げ釣り」禁止の場所が多い。チョイ投げも投げ釣りと同様とみなされ、振りかぶるのはもちろん下手投げでもダメという場所もある。下から投げるのはＯＫの場所もあるので、釣り場のルールを守って楽しんでいただきたい。

釣り時

潮の動きは大切で、潮止まりは食いがよくない。また冬のハゼは昼間は穴の中に隠れ、夜に出てきてエサを捕食するといわれている。僕は夜釣りをしないが、確かにタマヅメから食いが立つことはよくある。僕は午後2時頃から夕方4時半頃までを釣ることが多い。調子がよければ10尾は釣れるからこの時期としては充分であろう。

　冬のハゼ釣りは当たり前だが寒い。防寒対策をしっかりとって安全に楽しんでください。

エサ付けはボリュームをもたせてハゼにアピールする

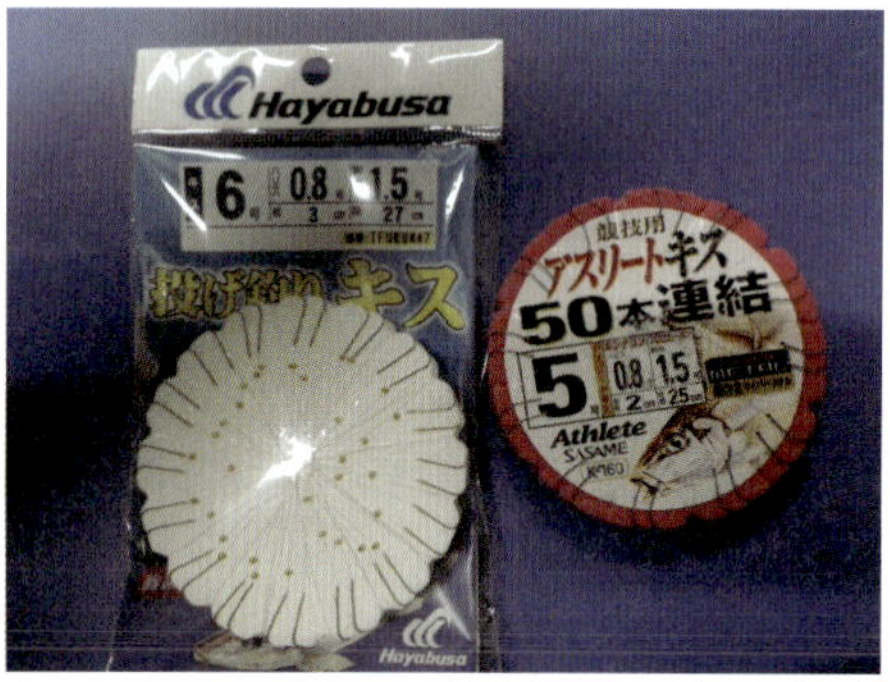

チョイ投げで活躍するシロギス用50本連結バリ

冬は天ぷらサイズねらい！

冬のフナ釣り 基本講座

「3尾釣れば一人前」と言われる寒ブナ釣り。気温水温ともに厳しい真冬の釣りは特に難しいが、だからこそ値千金の1尾に会いたい。

寒ブナ釣り場の現状

首都圏の釣り人にとって、以前は静岡方面の潮入り川、沼津の沼川・清水の巴川が寒ブナ釣り場として人気を博していた時代があった。ただ、それもボッタというイトミミズのようなやわらかいミミズがあってこそだった。ボッタは潮入り河川の釣りに寄せエサの効果もあり、抜群の威力を発揮したものだ。現在ではボッタは手に入らない。

巴川は現在もたくさんのマブナがいるが、沼川は残念ながら過去の釣り場となってしまった。

静岡方面に限らず、東京近郊にもたくさんあった寒ブナ釣り場がなくなってきているのが現状である。手賀沼水系を除き、ヘラブナのようにマブナを放流している釣り場はほとんどない。自然の繁殖だけでは増える数は知れているからだ。

そんな中でもまだ釣れる釣り場があるのはうれしい限りだ。

マブナは水温が低いと底でじっとして動かないことが多く、積極的に動き回ってエサを食いに来ることはあまりない。その反面、水の動きがある河川ではマブナの活性が高い。冬の釣り場としては今回紹介している大場川や五霞落川、長井戸中央排水路、大落古利根川、過去に紹介した綾瀬川、布湖排水路、弁天川などはいずれも水の動きがあり食いがよい。

とはいえ、食いがよいといっても寒ブナの季節であるから厳しい釣りは否めない。状況によってはボウズを食らうこともあるが、そんな中での1尾は非常にうれしいものがある。

ポイント

ねらうポイントは、ほかの淡水魚と同様、冬場は水深のある場所に落ちて来るので河川でも水路でも水深がある場所。河川や水路の水深は、浅い釣り場（たとえば布湖排水路や五霞落川）なら50～60㎝、水深のある釣り場（たとえば大場川、長井戸中央排水路、大落古利根川、弁天川）なら1～2mを目安に考えてよいだろう。

水路の合流点や土管等からの排水がある場所は水が出ていなくても深く掘れている可能性が高い。水門の下流も水の動きがあって掘れているポイントだ。釣り場によっては温排水が流れ込んでいる場所もあり、人気ポイントとなっている。いずれにしても水深があって水が動いている場所がよいと考えよう。

仕掛け

サオは4・5～6mの渓流ザオを使う。ミチイト1～1・2号をサオいっぱいに取り、ささめ針流線シモリストッパーアソート1号を5～6個通してガン玉1～2号でバランスを取る。深場をねらう

冬のマブナ仕掛け

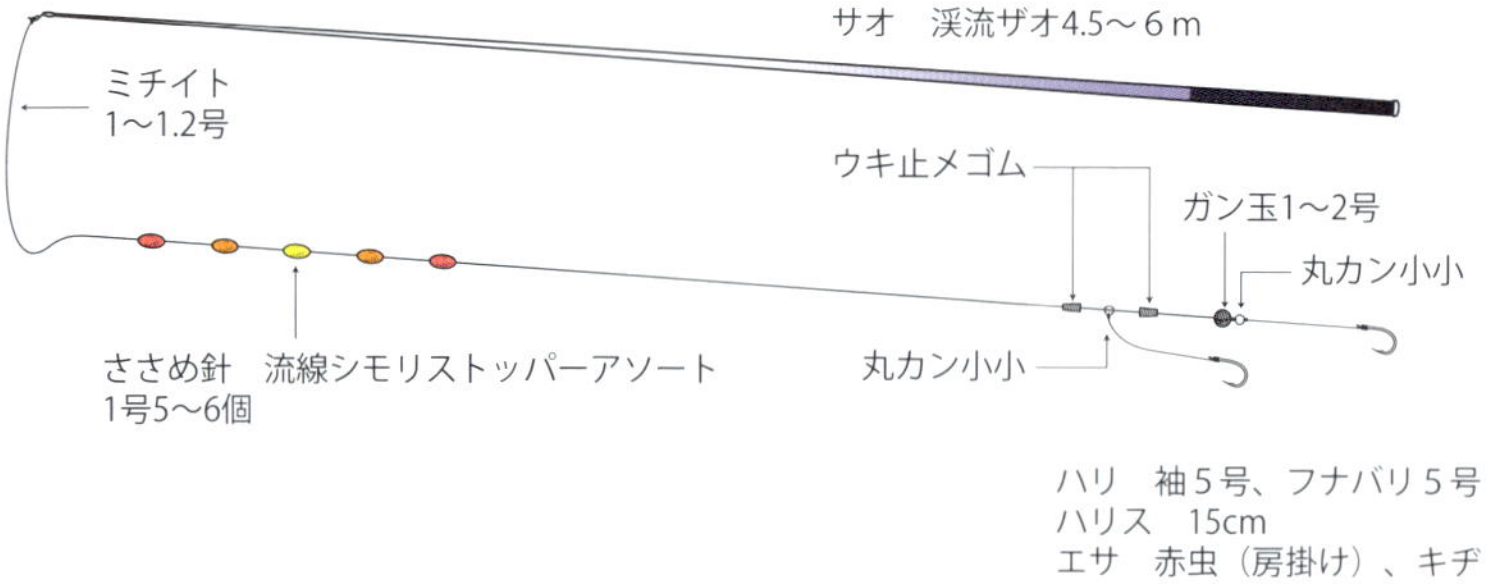

ので多少オモリが重くても大丈夫。ウキの浮力よりオモリが勝ることが大切で、遅ジモリバランスではなかなか沈んでいかないポイントでは、増しオモリで早ジモリにするとよいが、僕は寒ブナ釣りをしていてガン玉1〜2号で沈むのが遅いと思ったことはあまりない。

ハリは袖かフナバリの5号。ハリス0・8号15㎝。長めのハリスでふんわりとエサを落として踊らせるイメージで釣るとよい。

エサは赤虫の房掛け。面倒でもハリが見えなくなるほどたっぷり付けたい。目先を変える意味でキヂ（ミミズ）もあると安心。エサが大きいぶんアピール力はある。

現在では少なくなったが潮入り川も冬はよい

釣り方

ねらったポイントの一番深い場所だけではなく、その周りのカケアガリもていねいに探りたい。仕掛けを投入してオモリが底に着いたらアタリを待つ。さすがにすぐ反応が出ることはほとんどないが、寒ブナのアタリは少なく小さいから、貴重なアタリを見逃さないようにしたい。時にはウキにアタリが出ない居食いもある。

ウキが流れないようなポイントでは、引き釣りのようにタイム釣り（20〜30秒置きに仕掛けを引く）でゆっくりと広くポイントを探るのも有効だ。重く感じたらマブナが食っている可能性があるので、軽くサオを立てて合わせてみよう。

流れがある場所は、流れに乗せて流し釣りをすると自然と誘いをかけているのと同じになる。ウキの浮力よりもオモリが勝るのでウキがシモッてしまうこともあるが、その時はサオを操作してウキを引き上げ、ふたたび流れに乗せる。ガン玉1〜2号程度の場合、水面に出ているウキを多くすると流れに乗りやすくなるはずだ。

ただし、流れが強い場所にはフナはいないと思って緩やかな流れを釣ること。流れの中に反転流が出来ていたらねらいたい。反転流はエサが溜まるポイントで、マブナがいる可能性がある。とにかく、釣りをしていておかしいなと感じたら合わせてみることだ。

寒ブナはいる場所が限られているので、好ポイントと思われる場所はていねいに探ってよいが、ほかにも好ポイントがある場合はアタリがなければ動いてみよう。

現在の寒ブナ釣り場では尺ブナが掛かるケースが多く玉網は必携である。ていねいな探りで「寒ブナ3尾」を目指していただきたい。

消波ブロックが入っていて、
なおかつ水深もあるポイント

排水のあるポイント

水門下流のポイント

近年は冬でも尺ブナに会える機会が増えた

著者プロフィール

坂本 和久（さかもと・かずひさ）

東京都中野区在住。淡水・汽水の小もの釣りとローカル線が大好きな「釣り鉄」でマブナフリーク。マブナの探り釣りとヤマベの毛バリ釣りが大好き。まだまだ行きたい釣り場がたくさんあるので、これからも四季折々の水辺で釣りを楽しみたいと思っている。

1時間《じかん》でも楽《たの》しめる
水郷《すいごう》・首都圏《しゅとけん》お手軽《てがる》釣り場《ば》めぐり60
フナ・テナガエビ・ハゼ・ヤマベ・タナゴ

2025年4月1日発行

著　者　坂本和久
発行者　山根和明
発行所　株式会社つり人社

〒101-8408　東京都千代田区神田神保町1-30-13
TEL 03-3294-0781（営業部）
TEL 03-3294-0766（編集部）
印刷・製本　シナノ書籍印刷株式会社

乱丁、落丁などありましたらお取り替えいたします。

ISBN978-4-86447-750-5 C2075
つり人社ホームページ　https://tsuribito.co.jp/
つり人オンライン　https://web.tsuribito.co.jp/
Japan Anglers Store　https://japananglersstore.com/
つり人チャンネル（You Tube）　https://www.youtube.com/channel/UCOsyeHNb_Y2VOHqEiV-6dGQ